李劍橋，竭寶峰 編著

# 歷代中國

## 經濟政策

## 與市場

從鹽法與茶法到海禁與官營貿易，
揭祕兩漢均輸、茶馬互市背後的
商業繁榮與政府控制

【穿越官府與市井，追蹤明清時期經濟與政策的歷史軌跡】

◎分析海禁放寬後，中國與世界商貿互動的加深與影響

◎揭祕絲綢與海上絲綢之路，貿易如何促進文化技術交流

◎從墟市到官營貿易，展現古代市場結構的多樣性與動態性

透過歷史，了解古代全球化背景下經濟與文化互動
從兩漢到明清，探索中國經濟政策，見證經濟與市場的演進

# 目錄

# 市場經濟鹽法

　　國家對食鹽徵稅和專賣榷禁的各種制度。中國鹽法，代有變遷，由簡而繁，由疏而密，日趨完備。唐玄宗開元以前為食鹽徵稅和專賣制度建立時期，開元以後為食鹽專賣制度日益完善的時期。

## 先秦

　　夏、商、周三代，鹽與其他土產一樣，大都是在產地徵稅，或作為土貢上繳國家，聽民自由開採運銷販賣，實無專門鹽法可言。迄至春秋時期，管仲相齊桓公，興鹽鐵之利，國家對食鹽的生產、銷售和買賣加以管理，開中國鹽法之始。其法以官制食鹽為輔、民製食鹽為主，官收官運官銷，寓租稅於官府專賣鹽價之中，以增加國家收入，齊國由是富強，稱霸諸侯。然春秋戰國時期，除齊國對食鹽實行專賣之外，其他諸侯國仍只對食鹽徵稅，唯稅率逐漸加重。史載秦自商鞅變法後，賦鹽之利二十倍於古，鹽價昂貴，鹽商富累鉅萬，人食貴鹽，小民貧困，至秦亡而未改。

# 漢

　　漢初開關梁山澤之禁，允許私人經營鹽業，國家徵稅，稅入歸主管皇室財產的少府，屬皇帝宮廷所有。諸侯王國亦得經營鹽業以自富，收入不歸中央。西漢中期，漢武帝劉徹內修法度，外開邊疆，頻年用兵，財用不足，於元狩年間（前122～前117）始將鹽業歸入中央的大司農，納入國家財政，實行官營。在產區和主要中轉地設定隸屬大司農的鹽官，主管鹽的生產、分配及大規模的轉運。西漢末年，設定鹽官的郡國和縣共三十七處，分布於二十七個郡國。其官營辦法為募民製鹽、官收官運官銷。私自煮鹽受鈦（套在腳上的鐵器）左趾的刑罰，工具和產品沒官。鹽的銷售，或設肆售賣，或透過特許商人分銷。鹽的官營，增加了國家財政收入，但鹽價逐漸昂貴，致有強迫抑配買鹽，私人鹽販乘機牟利，導致官鹽滯銷，鹽利所入不敷其費。元封元年（前110），桑弘羊領大閒農，乃請置大農部丞數十人分往各縣，平均調配，調節鹽價，濟以平準之法，弊始少革，國用乃贍。漢宣帝時，賢良文學曾大力攻擊鹽鐵官營，致有鹽鐵之議。但事關財政收入，官營仍舊。東漢時，漢光武帝劉秀廢除食鹽專賣之法，罷私煮之禁，聽民製鹽，自由販運。於產鹽較多地區設定鹽官，徵收鹽稅。其間漢章帝元和元年（84）因財政困難，採納尚書張林建議，官自煮鹽，恢復漢

武帝時期的官營辦法。漢和帝永和元年（88）即行廢止。此後，鹽官仍主稅課，鹽業民營，直至漢末。

## 三國兩晉

　　南北朝三國時期，戰亂頻仍，官府對食鹽多行專賣，以敷軍國之用。魏有司鹽都尉、司鹽監丞，並遣使監督鹽官賣鹽。魏明帝太和四年（230），還興京兆、天水、南安鹽池，以益軍資。蜀有鹽府校尉、司鹽校尉主管鹽政，鹽鐵之利，歲入甚多，有裨國用。吳設司鹽校尉、司鹽都尉管理鹽政，亦主專賣。

　　晉承魏制，仍實行食鹽專賣。鹽務隸於度支尚書，設司鹽都尉、司鹽監丞管理鹽政，規定不得私自煮鹽，犯者四歲刑。東晉遷居江左，軍國所需，隨其土地所出，以為徵賦，對食鹽實行徵稅制，歷南朝的宋、齊、梁、陳，沿而不改。北魏繼西晉對食鹽實行專賣，又仿南朝徵稅制，屢興屢廢，乃無常制。534 年，北魏分為東魏和西魏。西魏初行徵稅制，後改為官營專賣，禁百姓煮鹽。北周繼西魏之後，繼續實行專賣。東魏和北齊則於「滄、瀛、幽、青四州之境，傍海置鹽官以煮鹽，每歲收錢，軍國之資，得以周贍」，對食鹽實行官營專賣。

# 隋唐

隋初鹽池鹽井皆禁百姓開採，由官府專賣食鹽。隋文帝開皇三年（583），開鹽池鹽井之禁，與百姓共之，廢除官賣，並免於徵稅。至唐開元時期的一百三十年間，很少有徵收鹽稅的記載，為中國食鹽無稅時期。

唐玄宗開元初年，始議榷鹽收稅。其後檢校海內鹽鐵之課，徵收鹽稅。但各地鹽法並不統一。有設軍屯，由士兵生產軍用食鹽者；有官督私營，按等徵課者；有按井納稅者；有免租納鹽者。法令疏闊，只不過使鹽法從無稅轉向有稅而已。安史之亂爆發後，唐王朝財政陷入困境。天寶十五年（756），顏真卿於河北榷鹽以供軍需。唐肅宗乾元元年（758），第五琦為鹽鐵使，總管全國鹽政，初變鹽法，「就山、海、井、灶收榷其鹽，官置吏出糶，其舊業戶並浮人願為業者，免其雜役，隸鹽鐵使，盜煮私鹽罪有差」，創民製官收官運官賣的食鹽專賣制度。鹽利收入達四十萬緡。政府還在產鹽區設「監院」，管理鹽務，嚴禁鹽的私製私賣。唐代宗寶應元年（762）劉晏為鹽鐵使兼轉運使，再變鹽法，行民製官收商運商銷的專賣制度：①在產區設定四個鹽場和十個鹽監，負責食鹽的生產和收購，切斷鹽商與鹽戶的關係，保證官府的專賣權。然後現場轉賣給鹽商，准其自由出售。商人如果以絹代鹽，每緡加錢二百。遂獲既推銷食鹽又

收軍用絹帛之利。②在全國又設十三個巡院，負責推銷食鹽、緝查私鹽，兼管不設鹽監地區的產銷工作。③在重要地區設定鹽倉，常積鹽兩萬石，除賣給商人外，擔負平抑鹽價的作用，商人不至，則減價出賣。這些措施改善了盡眾的食鹽供應，增加了國家的財政收入。唐代宗大曆末年（779）鹽利收入達六百萬貫，「天下之賦，鹽利居半」。唐德宗建中初年（780），劉晏去職，自此以後，鹽法混亂。官府不斷提高鹽價，至有以穀數斗，易鹽一斤。官鹽既貴，私販公行。官府乃不斷整頓鹽政，鹽法日密。唐憲宗時開始劃定鹽商糶鹽區域，並嚴禁私鹽。其後犯私鹽均受嚴刑峻法懲處。然非但不能杜絕私鹽，反而激起人民的反抗。唐末，王仙芝、黃巢均以販賣私鹽而積蓄力量，進而組織大規模的農民起義，使唐王朝走向崩潰。此外，唐後期因藩鎮割據，鹽利亦往往被地方勢力截留。

　　五代鹽法逐年嚴密，成為人民一大禍害。後唐時全面榷鹽，劃區供應，對鹽的生產和經銷都作了嚴格的規定。凡官場賣鹽的地區，嚴禁私煎、私買、私賣，犯者處以嚴刑。又在鄉村創蠶鹽錢，於二月將鹽賒給鄉村人戶，五月絲蠶收穫時收回鹽錢，並嚴禁鄉村人戶將食鹽倒流城鎮。後晉初年，鹽禁較為鬆弛，取消官場賣鹽，允許商人貿易，由官府向民戶按戶等配徵食鹽錢。其後取消商人賣鹽，重行榷禁專賣，

而過去按戶等徵收的食鹽錢仍然照徵。後漢時更是全面禁止私產、私賣、私買,而由政府專賣,違者一斤一兩也要處死,成為中國歷史上鹽禁最嚴酷的時期。後周時雖逐步放寬鹽禁,但榷禁亦嚴,並一度在城鎮新增隨屋鹽錢。

# 宋

宋朝建立了更為完備的食鹽專賣制度。中央財政機構主司設鹽鐵使主管鹽政,直屬三司的京師榷貨務主辦鹽的專賣和鹽課收入。地方由朝廷委派高級官員或當地官員兼管鹽政。產鹽地設監置場,均派官管理鹽的生產。北宋徽宗崇寧年間(1102～1106)又在路一級設定提舉茶鹽司,主管鹽的生產和銷售。鹽的生產,一是官制,二是民製官收。官制食鹽皆召募農民,給口糧工錢,按年完成官定課額,全部食鹽歸官府。民製食鹽,專置戶籍,稱鹽戶,官給煮鹽工具和煎鹽本錢,免除科配和徭役,只以鹽貨折納二稅。鹽戶產量由官府定額,全部按官價收買。超產食鹽稱為浮鹽,略增價錢收買,任何人不得私賣。其食鹽銷售,宋初是「官鬻通商,隨州縣所宜」,沒有固定的制度。

## 一刀平五千

官賣法就是官運官銷,鹽利收入主要由地方支配。宋初全國大部分地區的食鹽都是實行官運官銷法。在東南漕運地

區，利用運官糧的返程空船運輸官鹽，其他地區則派衙前、廂兵和徵用民夫運鹽。鹽到州縣後由官府置場或設鋪出售。由於官鹽價貴質劣，民不肯買，往往強制抑配。售鹽辦法主要有令民繳納丁鹽錢的按丁配鹽法；二月育蠶時按戶配鹽，六月蠶事完畢隨夏稅用絲絹折納的蠶鹽法；按財產多少和戶等高下強迫購買一定數量食鹽的計產配鹽法；把一個地方的鹽利收入承包給商人，令其先納錢入官，准其領鹽販賣的買樸法。如此等等，弊病百出，殘害人民，引起反抗。加上朝廷擴大通商地區，增加中央鹽利收入，官賣法就逐漸被通商法代替。到北宋末年和南宋時期，官賣法只在福建、兩廣一些地區繼續實行。

通商法是官府把官鹽賣給商人銷售，鹽利歸中央直接支配。它主要有交引法、鹽鈔法和鹽引法三種。交引法始行於宋太宗雍熙二年（985）。當時為解決沿邊軍需困難，令商人向邊郡輸納糧草，按地理遠近折價，發給交引作為憑券到解池和東南取鹽販賣。隨後又允許商人在京師榷貨務入納金銀錢帛和折中倉入納糧米，發給交引支鹽抵償。由於商人操縱物價，牟取暴利，虧損國家鹽利收入，交引法逐漸被破壞，不能繼續執行。宋仁宗慶曆八年（1048）範祥為制置解鹽使，乃行鹽鈔法。即按鹽場產量定其發鈔數量，統一斤重，書印鈔面。令商人在邊郡折博務繳納現錢買鹽鈔，到解

池按鈔取鹽販賣。並在京師置都鹽院儲鹽，平準鹽價，鹽貴賣鹽，鹽賤買鹽，還允許商人憑鈔提取現金。這樣就保證了鈔值的穩定，保證了消費者和商人的正當利益。官鹽得以暢銷，鹽利得以增收。宋神宗時，東南地區也實行鹽鈔法，買解鹽發解鹽鈔，買東南鹽發末鹽鈔。末鹽鈔由京師榷貨務發行。崇寧以後，蔡京執政，鹽鈔法普遍推行於東南地區。隨著官府加緊聚斂，濫發鹽鈔，鈔與鹽失去均衡，商人持鈔往往不能領鹽。蔡京又印重新整理鈔，令商人貼納一定數量的現錢，換領新鈔。此舉加重了商人負擔，並使鹽鈔失去信用。宋徽宗政和三年（1113）蔡京乃創行鹽引法，用官袋裝鹽，限定斤重，封印為記，一袋為一引，編立引目號簿。商人繳納包括稅款在內的鹽價領引，憑引核對號簿支鹽運銷。引分長引短引。長引行銷外路，限期一年，短引行銷本路，限期一季。到期鹽未售完，即行毀引，鹽沒於官。故引仍是變相的新鈔，時鹽引又稱鈔引，只不過在鹽鈔取鹽憑證的基礎上增加了官許賣鹽執照的性質，並在行銷制度方面更為嚴密而已。鹽引法在南宋一直繼續實行，唯南宋高宗紹興二年（1132）趙開在四川創行的鹽引法則略有不同。其做法是：井戶煮鹽不立課額，商人納錢請引，繳納引稅、過稅、住稅，向井戶直接買鹽出售。官置合約場負責驗視、秤量、發放，以防私售，並徵收井戶的土產稅。廢除官買民鹽然後賣

給商人的仲介環節，直接徵收井戶和鹽商的稅錢。

　　為了保證食鹽專賣制度的貫徹執行，官府還規定了各產地食鹽的販賣區域，越界、私賣、私制和偽造鹽引，超額夾帶食鹽者都予嚴懲。故宋朝鹽法較唐朝更為完備和嚴密，鹽利收入更成為國家的一項重要財源。

## 遼金

　　遼朝對食鹽實行徵稅制。在遼五京及長春、遼西、平州置鹽使主管鹽政。會同初，後晉獻燕雲十六州，得河間煮鹽之利，又置榷鹽院於香河縣（今河北香河），但其制史無詳載。

　　金初循遼之舊，對食鹽實行徵稅制。貞元二年（1154）始仿宋制行鈔引法，設官置庫，印造鈔引。在北京（今內蒙古寧城縣大明城）、西京（今山西大同）等七處設鹽鐵使司，負責批賣鈔引。各鹽場則設管勾等官負責監製和收納鹽斤。商人在京於榷貨務，在外於附近鹽司輸納現款，請買鹽鈔，即可赴鹽場支鹽，到劃定的行銷區域販賣，賣鹽後向地方州縣官繳引。鈔必須與鹽司的鈔引簿相符，引必須與州縣批繳之數相同。鹽載於引，引附於鈔。鈔以套論，引以斤論。如解鹽司以鹽一百五十斤為一席，五席為一套，一套為一鈔，一席為一引。凡商人買引者皆以引計。

# 元

　　元初政事簡易，未設鹽官，只徵收鹽稅。1230 年始行榷法，沿金朝舊制設定鹽官製鹽，仿宋折中之法，募民入粟，或收現錢給鹽引支鹽。滅宋以後，復採宋制，專用引法。全國鹽務政令悉歸戶部。在主要產鹽區置都轉運鹽使司，非主要產鹽區置茶鹽轉運司或鹽課提舉司管理地方鹽務，並置批驗所批驗鹽引。鹽場則設官負責監製、收買鹽產食鹽和支發鹽商食鹽。其賣引法為戶部主印引，鹽司主賣引。鹽司按銷鹽狀況確定引額，由產部按額印造，頒發各區鹽司收管。賣引用鹽司鈐印，據行鹽區域和規定的引價，隨時填寫發賣。每引一號，書前後兩券，用印鈐蓋其中，折一為二，以後券給商人，謂之引紙，以前券作底簿，謂之引根。商人持引紙到鹽場，鹽官檢驗相符，於引背批寫某商於某年某月某日某場支鹽出場，即可將鹽運到行鹽地區售賣。鹽場鹽袋由官監製，按每引額重四百斤裝為二袋，均平斤重，不得短少或超過。並在鹽袋上書名編號以防偽冒。凡商人運鹽至賣鹽地區，必須先行呈報，由運司發給運單，蓋印後寫明字號、引數、商號和指定銷鹽縣份。沿途關津，依例查驗，驗引截角。每引一張，運鹽一次，鹽已賣盡，限五日內赴所在地方官繳引，違限不繳，同私鹽罪。其立法比宋更為嚴密，故引法起源於宋，完畢於元。鹽法既密，導致引價日增。元世祖

至元十三年（1276），江南鹽一引，值中統鈔九貫，到元仁宗延二年（1315）每引增至一百五十貫，造成官鹽既貴，私鹽愈多。加之軍人違禁販運，權貴託名買引，加價轉售，而使官鹽積滯不銷。於是宮府又擴大官賣食鹽區域，強配民食，不分貧富，一律散引收課，農民賣終歲之糧，不足償一引之值。元惠宗至正年間（1341～1368）雖罷食鹽抑配，然民困已深，禍機已伏，鹽販張士誠、方國珍與其他農民起義軍揭竿而起，元朝遂亡。故史家謂元朝亡於鹽政之亂。

# 明

明朝鹽法，初承元制，其後略有變動。中央戶部只頒給鹽引，稽核解部課銀，稽核奏銷，辦理考績。鹽務，行政分於地方。另設巡鹽御史，或由巡河御史、按察史兼中央特派員監督地方鹽務。產鹽地區設都轉運鹽使司或鹽課提舉司，並下設分司，主管鹽務。鹽場則設鹽課司主食鹽的監製收買支賣事宜。其鹽法除在某些地方按戶收取糧、鈔的戶口配鹽法及官吏以鹽折俸法外，主要行民製官收商運商銷的「開中法」和民製商收商賣的「綱法」。

開中法，又稱開中，即召商納糧、納馬、納鐵、納帛、納銀等官需之物，而以納糧為主，易之與鹽。凡邊地缺糧，由戶部出榜召商，赴邊納糧。仍先編制二底簿，分立字號，一發各布政司及都司衛所等收糧機構，一發各鹽運司及提舉

司等鹽務機關。俟商人納糧，即由收糧機關填寫納糧數、應給引數、鹽數，並填給倉鈔，由商人持其至鹽務機關經檢驗相符，則按數給引，派場依次支鹽，按區行銷售賣。其檢放、截角、繳引及途程等手續均與元朝相同。開中法實行初期，商人並就邊地召民墾種，謂之商屯。寓屯於鹽，收轉運省、邊儲充和殖邊開邊之效。史稱「有明鹽法，莫善於開中」。但永樂以後專於北京等少數地區開中，其餘各處相繼停止，已失開中實邊初旨。明中葉以後，權勢豪要紛紛以納糧、納銀占中鹽引，然後賤買貴賣，遂使商人失利又難以按時支鹽，從而影響商人納糧報中，致邊地商屯盡廢。明英宗正統初，因商人赴各場支鹽，多寡懸殊，乃創「兌支」之例，如准浙鹽不敷分配，則准持引赴河東、閩廣諸場支取；不願兌支者聽其守支。這種辦法仍無法解決商人支鹽的矛盾，正統五年（1446）乃將食鹽分為「存積」和「常股」兩部分。常股價賤，由守支商人依次支鹽；存積價貴，邊事有急，召商人入中，引到即支。存積鹽與常股鹽一般維持三七或二八的比例，後來存積鹽的比例稍有上升。存積鹽的設定並沒有緩解開中法的危機，反而使常股鹽壅滯、兌支制度加強，破壞了原定支鹽地域界限，並產生出「代支」制度。代支即鹽商幾年幾十年支不到鹽，年久物故，允許親屬繼承支權。於是又產生了有的商人把引目與人的「夥支」，把引目典當與人的「賣支」，委託別人販賣，坐收鹽

利。這樣，代支的出現就使單一的開中商人分化為專以報中售引為業的邊商和以守支販鹽為業的內商。邊商成為糧商和引商，內商才是經營鹽業的鹽商。由於內商之鹽不能速得，邊商之引不願賤售，報中無人，存積鹽滯銷，致邊儲無著。明孝宗弘治五年（1492）正式實行開中折色，召商納銀，匯解國庫，分給各邊以濟軍餉。加上弘治二年（1489）因無鹽支給鹽商，實行餘鹽開禁，允許鹽商購買灶戶正課之外的餘鹽以補正鹽之缺，令灶戶每引交銀後直接賣鹽與商人，更加引起私鹽氾濫。而官府對灶屍的剝削，造成灶戶破產，官課正鹽逐年減少，更完全動搖了開中法的基礎。

綱法行於明神宗萬曆四十五年（1617），即為銷積引，將商人所領鹽引編成綱冊，分為十綱，每年一綱行稅引，九綱行現引。冊上有名者具有世襲包銷權利。其後，官不收鹽，令鹽戶將應納課額，按引繳銀，謂之「倉鹽折價」。官府賣引，由商人自行赴場收運，政府將食鹽收買運銷之權悉歸商人。從此開中法廢綱法興，確定了鹽法中的商買商賣的包銷制度。

# 清

清朝中央戶部管理全國鹽務，鹽政之權分於各省。初差御史巡視，後改歸總督、巡撫兼管，終則設定鹽院。產鹽地區設都轉運使司，或以鹽法道、鹽糧道、驛鹽道、茶鹽道兼

理鹽務。鹽運使以下分別置官設署掌政令、徵課、批引、掣放等鹽務。其鹽法以繼承明末官督商銷的綱法行之最久。

官督商銷，即召商辦課，由專商壟斷鹽引和引岸（見鹽商）。商人向政府繳納引稅後領取鹽引，買鹽及銷售均有地點限制。鹽商中收鹽者為場商，行鹽者為運商。運商中又分為引商、運商。引商均子孫世襲，稱為「引窩」，壟斷鹽引購買權，大都脫離流透過程，靠出賣鹽引，坐收「窩價」為生。運商活躍於流通領域，壟斷鹽的運輸和銷鹽地區的引岸權。運商中又有總商和散商之別。散商即個別的鹽商，總商即散商的首領。官府把散商隸總商名下，總商負督徵鹽課和查禁私鹽之責，並將散商花名引數送鹽政衙門備案，然後按所領引數行鹽納課。官督商銷使專業鹽商壟斷了鹽的收買、運輸和銷售，得以任意剝削食鹽的生產者和消費者。隨著官府財政的需要，不斷增引加課，雍正時又開「報效」之例，每遇軍興、慶典、營建，皆令鹽商捐資。國家為獎勵鹽商，初則准其加價，繼則准其加耗。加之官史勒索成風，私鹽盛行，鹽法紊亂，商民皆受其害。於是從雍正時起，在一些地區陸續對鹽法進行改革。或廢引截商，官運官銷，或將鹽課攤入地丁，就場徵稅，聽民運銷。道光十一年（1831），遂在主要產鹽區行票鹽法。

票鹽法，即取消鹽引私引商，設督銷局，招販行票，在局納課，領票買鹽，直赴運岸行銷。票鹽法廢除了引商、運商對食鹽的壟斷，具有降低鹽價、開啟銷路及增加鹽稅等作用。咸豐以後，百貨抽釐亦及鹽務，謂之「鹽釐」，鹽課收入，恃鹽釐為大宗。釐金徵收方法有包辦和散收。包辦即由會館或同業公所向釐金局承納包額，商民可免釐金局留難殊求；散收即各釐金局直接向貨主個別徵收。同治三年（1864）整理兩淮票法，聚多數散商為少數整商。五年，李鴻章在淮南行循環票法，鹽商只要能照章完納鹽釐，即可享受循環運鹽之權，不准新商加入。從此，票商專利同於引商。光緒年間，因賠款、練兵、要政、海防、興辦鐵路等名目而增收鹽釐，數逾正課。自此鹽價日貴，私鹽日甚，引岸多廢。省亦各自為政，或官運，或民運民銷，或官運商銷，制度不一，但仍以官督商銷為主。鹽商專利之弊，與清朝相始終。

# 茶法

　　國家對茶葉徵稅和榷禁專賣的各種制度。中國是世界上種茶、飲茶最早的國家。魏晉南北朝時期，南方已普遍種茶，飲茶習慣亦盛行大江南北。但在較長歷史時期內，茶葉僅作為貢品奉獻朝廷。至唐代茶葉生產大規模發展，人民飲茶風氣昔過形成，才開始稅茶、榷茶，逐漸建立起完密的茶法制度。

## 唐、五代

　　唐朝對茶葉徵稅始於唐德宗建中四年（783），十稅其一，由鹽鐵轉運使主管茶務。興元元年（784）改元大赦，停止徵收茶稅。貞元九年（793）復稅茶，在產茶州縣及茶山外商人所經要路設定稅場，分三等作價，十稅其一，歲得錢四十萬貫，茶稅成為國家的一項重要財政收入。唐穆宗即位後，又增天下茶稅十分之五。唐文宗大和九年（835），王涯為諸道鹽鐵轉運榷茶使，始改稅茶為榷茶專賣。令百姓移茶樹就官場中栽植，摘茶葉於官場中製造，舊有私人貯積，

皆使焚棄，全部官種官制官賣。此法遭到朝野反對，百姓詬罵，旋即罷廢。開成元年（836），李石為相，又恢復貞元舊制，對茶葉徵收什一稅。唐武宗即位後，榷茶專賣制度才確立起來：「令民茶折稅外悉官買，民敢藏匿而不送官及私販鬻者沒入之。」全部茶葉都由官府收買，然後轉賣給商人，並對茶商徵收重稅。茶商除繳納住稅、過稅外，還要繳納住宿稅「塌地錢」。唐末，茶法日密，嚴厲懲治私賣和漏稅私茶。唐宣宗時期更予每斤茶增稅五錢，謂之「剩茶錢」。茶稅已成為國家的大宗收入。但隨著藩鎮割據的形成，地方茶稅收入多被割據政權截留，中央政府所得無幾。

　　五代十國時期，全國分裂割據，茶法不復統一。南方產茶地區的南唐和後蜀等割據政權實行榷茶專賣；湖南地區則聽民採茶、允許賣於華北，設定回圖務，徵收高額茶稅。北方五代諸國，因不產茶，所需茶葉都從江淮以南輸入，則設定場院，徵收商稅。

# 宋

　　宋朝茶法日益完密，並建立了茶葉專賣制度。宋初，中央三司鹽鐵部和京師榷貨務管理茶政，元豐改制後，由戶部的金部、太府寺的榷貨務管理茶政。南宋時，則由直屬中央

的行在（臨安府，今浙江杭州）榷貨務、都茶場等管理茶葉專賣和茶利收入。禁茶地區則由中央直接派官或地方官兼管茶政。宋徽宗崇寧以後，又在路一級設定提舉茶鹽司，主管各路茶政。

宋朝茶法分通商和榷禁兩種。通商和榷禁都有嚴格的行茶區域，越界有禁，出境受罰。通商，即徵收茶園戶的租稅和商人的商稅，准許自由貿易。兩廣產茶極少，一直實行通商，蜀地在熙寧七年（1074）以前亦實行通商，均禁其出境。東南地區在宋仁宗嘉四年（1059）至宋徽宗建中靖國元年（1101）也曾一度通商，徵收茶稅。榷禁，又稱專賣。即將種茶戶專置戶籍，稱園戶，輸租納稅，用茶折算，官定課額，預支本錢，額茶和額外餘茶，全部按官價收買、不得私賣。官府把由此壟斷來的茶葉轉賣給商人，獲取高額利潤。個別地區的民用食茶，曾一度由當地政府發賣。

東南地區榷茶最初實行的是交引法。宋太祖乾德二年（964）始榷茶，其後陸續在淮南產茶最多的蘄（今湖北蘄春）、黃（今湖北黃州）、廬（今安徽合肥）、光（今河南潢川）、舒（今安徽安慶）、壽（今安徽壽縣）六州建十三場，在沿江茶葉集散地江陵府（今湖北江陵）、真州（今江蘇儀徵）、海州（今江蘇連雲港）、漢陽軍（今湖北武漢市漢陽）、無為軍（今安徽無為）和蘄州的蘄口設定六榷貨務，

官府把各地收買的全部茶葉集中於十三場和六榷貨務、統一發售。令商人在京師榷貨務和沿江榷貨務繳納茶款,或西北沿邊入納糧草、從優折價,發給文券,稱為交引,憑引到十三場和沿江榷貨務領取定額茶葉販運出賣。其後商人操縱糧價,虧損國課,而沿邊居民領取交引後,又不能到東南領茶,只得把交引賤價賣給京師交引鋪,倍受剝削,故不願入納糧草領取交引,致交引法難以施行。

宋太宗以後曾一度實行貼射法。即令商人貼納官買官賣每斤茶葉應得淨利息錢,隨商人所指,准其向園戶買茶出賣,故有貼射之名。但必須輦茶入官,給券為驗,以防私售。歲若貼射不盡,或無人貼射,仍由官府收買。園戶過期而輸納不足,計所負數如商人入息。貼射法避免了商人操縱茶價的弊病和官買官賣官運茶葉的種種開支,官府可得買賣淨利。但它使商人只買好茶,劣質壞茶只能由官府收買,同樣虧損茶利,故只於宋太宗淳化四年(993)二月至七月在東南地區,宋仁宗天聖元年至三年(1023～1025)在淮南地區一度施行,即行廢止。由於交引法和貼射法各有弊端,虧損國家課利,宋仁宗嘉佑四年乃廢除東南榷茶,弛禁通商。

宋徽宗崇寧元年(1102),蔡京在東南地區恢復榷茶,對交引法和貼射法,去弊就利,改行茶引法。政府廢除官

買官賣茶葉，令商人到產茶州縣或京師榷貨務買引，憑引向園戶買茶赴產茶州縣合約場秤發、驗引、封印，按規定的時間、地點和數量出售。引分長引和短引。長引行銷外路，限期一年；短引行銷本路，限期一季。茶引法革除了官府直接經營茶葉買賣的種種弊端，給予茶商和茶農一定程度的自由交易權，調動了茶葉的生產者和經營者的內在積極性，有利於茶葉的生產、流通和增加國家茶課收入，故終宋之世，引法不改。

　　宋朝蜀地榷茶，於宋神宗熙寧七年行茶馬法。於成都置都大提舉茶馬司主其政。產茶州縣置買茶場，全部收買民茶，由官府直接將茶葉搬運至熙（今甘肅臨洮）、秦（今甘肅天水）等地賣茶場和買馬場；或召商人在四川官場買茶，產茶州縣發給長引，每引按茶價徵收十分之一的引稅，免除過稅，運至熙、秦等地區賣給賣茶場和買馬場。然後賣茶場和買馬場再用這些茶葉與少數民族交換戰馬或賣給少數民族，茶利作邊防經費。購買四川沿邊少數民族戰馬，亦實行茶馬法。同時官府還利用壟斷對西南、西北少數民族的茶葉供應，作為控馭少數民族的物質手段。行銷四川內地的茶葉，則由買茶場將收買園戶的茶葉，取息十分之三，直接賣給商人，准予販行川峽四路充民用食茶，但不得與少數民族交易。南宋高宗建炎二年（1128）趙開又廢除了行銷四川內

地茶葉的官買官賣，行茶引法，准允商人買引向園戶買茶出售。至此，除茶馬法所需的茶葉仍由官買官賣外，其餘都實行商買商賣的茶葉專賣制度。

宋朝的茶葉專賣制度已相當完備。凡違犯引法規定的條款，都要受到沒收茶貨及笞、杖、徒、流的刑罰。偽造茶引和結夥持杖貿易私茶，遇官司擒捕反抗者處死。無引私茶許人告捕，官司給賞。官吏違法徇私，亦依法治罪。這種茶葉專賣制度大大增加了國家財政收入，又解決了戰馬來源，對維護兩宋王朝政治、經濟、軍事利益都起了重要作用，故為後代封建王朝所繼承和發展。

## 金

金朝統治北方，茶葉要從南宋進口，為了避免「費國用而資敵」，對走私入境茶葉和飲茶都實行嚴格控制。金章宗承安三年（1198），曾設官製茶，失敗而罷。次年又於蔡州（今河南汝南）等四州各置官坊造新茶，依南宋每斤為袋，值六百文，命山東、河北四路轉運司按各路戶口均其袋數配賣於民。商人買引者，納錢及折物，各從其便。泰和五年（1205）罷官造茶坊，茶葉仍全部依賴南方輸入。其後規定七品以上官員方可食茶。但不得私賣和贈獻。不應儲存茶葉而儲存者，按斤兩治罪。同時還規定除食鹽外，不得用絲錦

絹等物與南宋博易茶葉。金宣宗元光二年（1223），又因國家財政困難，重定茶禁，規定親王、公主及現任五品以上官員方許飲茶，仍不得出賣和私贈別人，犯者判五年徒刑，告發者賞寶泉一萬貫。

# 元

元朝興於漠北，不缺戰馬，廢除了茶馬法，統一實行茶引法。中央戶部主管全國茶務，並置印造茶鹽等引局印製茶引。官府在江州（今江西九江）置榷茶都轉運司，總江淮、荊湖、福廣之稅。在產茶地區設榷茶轉運司或茶鹽轉運司，產茶地設榷茶提舉司、榷茶批驗所和茶由局等機構散據賣引，規辦國課。戶部主印引，地方茶務機構主賣引徵課。廢除長引專用短引，每引計茶九十斤。凡商人販賣茶葉，必須繳納引稅，於指定山場買茶。引之外又有茶由，每由計茶九斤，後改為三斤至三十斤共十等，以給賣零茶者。商人憑引、由運賣。茶過批驗處所不交驗者，杖七十，賣畢二日內不赴官司繳納引目者，杖六十。商人轉用茶引、塗改字號，增添夾帶斤重，引不隨茶，茶園磨戶不按引、由夾帶多賣，運茶車船主知情夾帶，均按私茶治罪。凡犯私茶，杖七十，茶一半沒官，一半付告發人充賞。偽造茶引茶由者斬，沒收家產付告發人充賞。官司查禁不嚴，致有私茶發生，罪及官

吏。其茶課稅率，初時尚輕，元世祖至元十三年（1276），每引收鈔四錢二分八厘，全國徵收茶稅不過一千二百餘錠。以後逐年提高稅率，元仁宗延礻右七年（1320），每引徵稅為十二兩五錢，全國茶課已達二十八萬九千二百多錠。四十多年間，茶課增加近三百倍。

# 明

明朝中央戶部主管全國茶務，確定課額，並設巡察御史以懲辦私茶；設茶課司、茶馬司辦理徵課和買馬；設批驗所驗引檢查真偽。其茶法分商茶和官茶。榷茶徵課曰商茶，貯邊易馬曰官茶。商茶行於江南，官茶行於陝西漢中和四川地區。商茶允許商人買引販賣，官茶必須保證買馬需要。

商茶均實行引法。中央戶部將茶引付產茶州縣發賣。凡商人買茶，赴官具報所賣斤重，行茶地區，納錢買引，許向茶戶買茶出境貨賣。每引茶一百斤，不足一引者，謂之畸零，另發茶由，許行茶六十斤。官府按行茶地區遠近，定以程限，於經過批驗所依例批驗，將引、由截角，別無夾帶方許放行。茶與引必相隨，有茶無引，多餘夾帶，按私茶治罪，許人告捕。茶園戶將茶葉賣給無引由的商人者，倍追原價沒官。商人將茶運至賣茶地，還需向稅課司按三十取一繳納銷售稅。買茶完畢，即以原給引、由向所在州縣官司繳

引，封送原批驗所、匯解戶部查銷、若過期不繳引者，批驗茶引所於每季查出商名貫址，引、由數目，轉所在地巡按監察御史按察司提問追繳，送戶部登出。四川商茶，政府還按不同的銷售對象、範圍，以及茶葉的品質、製法和傳統的供銷關係，將茶引分為邊引和腹引。邊引行銷今四川甘孜、阿壩、青海果洛和西藏等藏族地區，腹引行銷內地，形成了川茶的「兩邊一腹」的引岸制度。

官茶貯邊易馬是明朝茶法的重點。「國家重馬政，故嚴茶法」，設茶馬司以主其政。政府曾先後設定秦州（後遷西寧）、河州（今甘肅臨夏）、洮州（今甘肅臨潭）、莊浪（今甘肅水登）、岷州（今甘肅岷縣），永寧（今四川敘永）、雅州碉門（今四川天全）茶馬司，而以西寧、河州、洮州、碉門茶馬司為主要茶馬貿易機構，壟斷與藏族的茶馬互市。政府對與西北、西南少數民族地區的走私茶葉防範極嚴，定期派遣官員巡查關隘，捕捉私茶。對私茶出境與關隘失察，都處罰極重。明太祖洪武三十年（1397），駙馬都尉歐陽倫由陝西運私茶至河州，就被賜死伏誅，茶貨沒收。到明世宗嘉靖年間，才減私茶通番之罪，止於充軍。

茶馬司的官茶來源有如下幾種：①官徵官買官運法。政府規定陝西漢中茶葉和四川「巴茶」，官徵十分之一，無主茶園由軍士種植，官取十分之八，其餘茶葉由官定課額收

買，並確定漢中歲課茶兩萬六千斤，漢代錢幣四川一百萬斤。因而將四川保寧（今閬中）、夔州（今奉節）地區劃為「巴茶」範圍，茶課由陝西巡茶御史管理，「巴茶」以外的川茶才由四川茶鹽都轉運司管理。這些官徵官買茶葉，由政府組織人力分程運至各茶馬司，耗費了大量人力物力，勞民傷財，得不償失。②運茶支鹽法。明宣宗宣德中在實行官運茶葉的同時，由政府發給鹽引以到江淮支鹽為報酬，動員商人把四川茶葉運到西北茶馬司交貨，但不得進行茶葉買賣。在實行過程中，不少商人假營運官茶之名，行商貿走私之實，不把茶葉交給茶馬司而自行貿易，使官茶缺乏、買馬不便，故於正統元年（1436）停止此法。③召商中茶法。弘治三年（1490），陝西巡撫及布政司出榜召商報中一百零四萬斤茶葉，給引赴巡茶御史處備案，於產茶地區收買茶葉，赴西寧、河州、洮州茶馬司，官取十分之四的茶葉，餘聽商人販賣。此法使茶馬司坐收數十萬斤茶葉，官茶庫存日增。但它正式允許商人參加茶馬互市和番漢貿易，政府在與商人的競爭中往往敗北。茶馬司以不能取得足夠戰馬而於十五年下令停止。但之後，官茶儲備日減，買馬更加困難，故於十七年又一度施行。明武宗正德元年（1506）正式恢復此法，增加官府提成率，採取官商對分，一半茶葉與商，令其自賣。自此，官、商皆得易馬，善馬盡歸茶商。在明代漢藏茶馬互市

中私商終於戰勝了官商。

茶馬司所得茶葉，除有時召商納糧支茶或令商人將茶折銀、以備賑災儲邊外，其餘全部茶葉都用於買馬之用。買馬辦法有召番賣馬支茶法、召商納馬支茶法，而以規定各部族每年賣馬數額的金牌差馬支茶法為主要買馬方式。故明代是中國漢藏茶馬互市最發達的時期。「自碉門、黎雅抵朵甘、烏斯藏，行茶之地五千餘里。山後歸德諸州、西方諸部落無不以馬售者。」

## 清

清沿明制，仍分官茶和商茶。其管理制度與明略同。官茶行於陝、甘，儲邊易馬。政府在陝西設巡察御史五，分駐西寧、洮州（駐今甘肅岷縣）、河州、莊浪、甘州（駐今甘肅蘭州）茶馬司，主管官茶和茶馬貿易。其後裁撤茶馬御史，或派部員，或令甘肅巡撫兼管，最後由陝甘總督管理官茶茶務。清世祖順治初年，規定上馬一匹易茶一百二十斤，中馬一匹易茶九十斤，下馬一匹易茶七十斤。所需官茶，仍仿明代召商中茶法。隸籍山西、陝西的商人稱東商，回族商人稱西商，皆設總商負責督促散商納課之責。由於清朝牧地廣於前代，買馬的軍事意義逐漸消失。康熙以後的茶馬互市，不過蹕前朝故事。易馬數量不多，並時易時停，致使茶

馬司庫存茶葉日增。為解決庫存積茶，政府時而將所收茶葉改折軍餉，發給士兵轉賣；時而將應徵茶商本色官茶改用三成、二成，甚至全部折銀納官。清世宗雍正十三年（1735）停止易馬，茶馬司實際上成為管理民族貿易的機構。所存官茶，或折餉、或易糧、或召商發賣。應徵茶商茶葉基本上改為折銀，很少徵課茶葉。咸豐、同治年間，爆發陝甘回民起義，商民流離、欠課纍纍。東、西商均無人認課請引，茶引滯銷。同治十一年試行召募新商赴甘肅請票行茶。十三年正式召募南方商人赴湖南採茶運甘肅銷售，稱為南商。其後甘肅 70%的官茶均由南商承辦。茶政由蘭州道主持。改引法為票法，一票若干引，視商人資本認銷給票。請票先向蘭州道備案，不分各省商販，均令先納正課始准給票，並予行銷地方完納厘稅。出口茶葉則另於邊境局加完厘稅。自此，西北官茶地區及出口俄國的茶葉，基本上皆由茶商經營，官收課稅而已。

　　商茶行於南方產茶各省。中央產部頒發茶引、分發產茶州縣發賣。產茶較少地方亦有不設引，由茶園戶納課行銷本地者。廣東，廣西產茶極少，北方各省不出產茶葉，均不頒引。唯茶商到境向經過關口納稅或略收落地錢。茶商有總商和散商，行茶辦法與鹽法相似。散商隸總商名下，總商負責督徵茶課，散商買引納課行茶。行茶皆有定域。在四川則有

腹引、邊引、土引之分。腹引行銷內地，邊引行銷邊地，土引行銷土司。太平天國起義爆發後，東南各省增加茶厘、茶捐以充軍餉，發給引厘、厘票、捐票作為販運憑證。其時茶莊興起，或由茶商自行完納，或由茶莊代為完稅清單。至發販時統由茶莊繳銷稅單。隨著帝國主義經濟侵略的加深，通商口岸不斷增多，外商亦紛紛來華採購茶葉，形成了漢口、上海、福州三大茶葉市場。漢口市場的磚茶多輸往俄國；上海市場的江西、安徽紅綠茶多售於歐美各國，浙江紹興茶葉輸至美國，寧波茶葉輸往日本；福州茶多輸至美洲及南洋群島。茶葉成為中國的大宗出口貨物。政府對外商採購運銷茶葉只徵收子口稅，而不徵厘金，其稅率比國內商人繳納厘金還低。清朝晚期，廢引、厘、捐三票，改用稅票以簡化手續。清末，茶票漸代茶引。各省商販凡納稅者都可領票運銷。政府對茶利的壟斷逐漸削弱，對私茶的懲處亦有所減輕。運銷私茶，查出止於沒官。民國時期繼續實行票法，其後又廢除引票制，改徵營業稅。

# 漕運

中國古代政府將所徵收財物（主要為糧食）經水路解往京師或其他指定地點的組織和管理。水路不通處輔以陸運，多用車載（山路或用人畜馱運），故又合稱「轉漕」或「漕輓」、「漕輦」。

## 秦漢

秦始皇攻匈奴時，從山東向北河（今內蒙古烏加河一帶）轉運糧食；攻南越時，令監祿鑿靈渠溝通湘江與西江水系運糧。楚漢相爭，蕭何將關中糧食轉漕前線以供軍食，對漢軍的勝利起了重大的保證作用。

西漢定都長安後，每年需從關東運輸大量穀物以滿足關中地區貴族、官吏和軍隊的需求，轉漕逐漸制度化。漢初，每年運量為幾十萬石。武帝初年，增到一百多萬石，以後又增到四百萬石。元封元年（前110），根據桑弘羊的建議，令民納粟補吏、贖罪，各農官又多增收，政府掌握的糧食大增，漕運一度增到每年六百萬石，一般則仍保持在每年四百

萬石左右。漕運用卒達六萬人。由各地護漕都尉管理,沿途縣令長也有兼領漕事的。漕糧則輸入大司農所屬的太倉。此外,在武帝連年用兵和開發西南時,對軍隊所需的糧食也都進行了費用浩大的轉漕運輸,甚至漕轉一石,沿途要耗費十餘鍾糧食,大大加重了人民的負擔。

漕轉關中,費用浩大,需時很長,動員人力很多,特別是漕船要經過黃河三門峽砥柱之險,糧食損耗很大。為此,西漢政府曾先後採取過多種改進辦法。其中收效最大的是漕渠的開通。武帝元光六年(前 129),根據大農鄭當時的建議,用三年時間,沿秦嶺北麓開鑿了與渭河平行的人工運河漕渠,使潼關到長安的水路運輸的路程和時間大大縮短,運輸費用從而減少,沿渠民田也能收到灌溉之利。這是漢代一項重要的水利工程。此外,宣帝時耿壽昌建議糴三輔、弘農、河東、上黨、太原之粟以供京師,這種做法,對縮短漕運路線,減少漕運壓力,避開砥柱之險,起了良好的作用。

東漢建都洛陽,從山東、河北、江淮等地轉漕糧食到京師,路程較近,又不需經過砥柱之險,改善了漕運困難的局面。因此光武帝初年省罷了護漕都尉。但此時漕運事業仍有一定的發展。光武帝建成二十四年(48)在洛陽南修陽渠引洛水以為漕。明帝永平十二年(69)王景治河,自滎陽(今滎陽縣東北)到千乘(今山東高青高苑鎮北)海口,築堤修

渠，使新莽始建國三年（11）黃河徙道後混流的黃河、汴河分流，便利剪廓錢了南來的漕糧自淮河入汴，北來的漕糧循河、洛而西，使京師糧食供應不憂匱乏。這是東漢漕運事業的最大成就。此外，如光武帝時王霸擊匈奴，曾從溫水（即漯餘水，流經今北京北）漕運軍糧，安帝時虞詡為武都太守，在沮（今陝西略陽東）、下辯（今甘肅成縣西）間數十里燒石剪木開漕船道等，也都改善了該地區糧食運輸緊張的狀況。

### 圜錢

自秦始皇統一中國後，轉漕問題就是運東方的糧食以實長安，從全域性來看，最重要的轉運中心在中原，因此秦政府即建全國最大的糧倉 —— 敖倉於成皋（今河南滎陽西五里）。西漢時東方的糧穀多從此西運，東運時置敖倉官，屬河南尹管轄。

## 三國兩晉

南北朝淮河、長江流域是南北對峙政權的前沿，各方均以通漕積穀為要務。孫吳都京口（今江蘇鎮江），曾疏鑿杜野（今鎮江市東 15 里）至小辛（今江蘇丹陽市北十餘里）的徒陽運河。遷都建業（今江蘇南京）後，又開鑿小其（今江蘇句容東南 17 里許）至雲陽西城（今句容縣南唐莊）間 30 餘里的破岡瀆，立倉儲糧，以避長江漕路風濤之險。曹

魏多次於淮河上游偏西之地，利用汝、潁、洧、渠四水，開
賈侯渠、討虜渠、淮陽渠與百丈渠，這一運河網東南溝通江
淮，便於運兵運糧、屯田積穀。西晉末，鑒於徒陽運河位於
地勢高仰的鎮江丘陵地段、河水南傾北瀉的狀況，於京口之
南修建了江南運河上的第一座堰埭（丁卯埭），節制了河水
的流失。東晉時，為改善江淮間的運輸條件，曾對邗溝進行
多次整治。邗溝與鴻溝、汴水等運河開通以來，淮北地區的
泗水成了南方溝通中原和黃河下游的主幹。謝玄北上伐前秦
至彭城（今江蘇徐州市）時，遇泗水洪流，軍糧運輸受阻，
便建造七座堰埭，分段控制彭城東南六十里的呂梁河等泗水
支流。東晉時還於彭城之北開人工渠，使汶、濟、泗諸水相
通，泗水過彭城西，入汴通黃河。北魏經略江淮，於水道之
沿立倉 12 處，儲漕糧以供軍需。

　　這一時期，針對各航段水位高下不一的狀況，還建造了
許多堰埭，漕河人工化、渠化的水平提高，運載能力增強。

## 隋唐

　　隋代先後修通四段運道：山陽瀆，自山陽（今江蘇淮
安）引淮水達揚子（今江蘇儀徵縣治東南）入長江；通濟
渠，自西苑（今河南洛陽西）引谷、洛水達黃河，又從板渚
（今河南汜縣治東北 20 里）引黃河水通淮河，實際是利用

汴水取直航道（唐代改名廣濟渠）；永濟渠，北起涿郡（今北京西南），南通黃河；江南河，自京口至餘杭（今浙江杭州）。隋唐大運河縱向溝通了海河、淮河、黃河、長江與錢塘江五大水系。

隋文帝開皇三年（583）先後在河南、陝西運渠所在沿岸置黎陽、河陰、常平和廣通等倉。召募運丁，運儲河北、山西、山東等地糧食。滅陳後，長安糧大部由江淮輸送。煬帝又置洛口、回洛倉；儲糧二千六百萬石。

唐初，水陸運抵關中之糧僅一二十萬石左右。高宗至玄宗前期，因河南至關中運道艱險，東南運路長年失修，故唐廷常駐東都（洛陽），「就食」太原、洛口倉（分別在河南陝州與鞏縣）的巨量積糧。開元中期，官府機構膨脹，特別是府兵制的瓦解，使糧物需求劇增。天下漕糧，愈益以江淮為重，唐廷組織數千漕船，年運百餘萬石江淮租糧北上。裴耀卿主持漕政後，改「長運法」為轉般法，按江南之舟不入黃河，黃河之舟不入洛口的原則，於沿河就勢設倉，節級轉運。水通則舟行，水淺則寓倉以待。三年運 700 萬石，省腳費 30 萬貫。開寶元年（742），李齊物於三門峽附近鑿開元新河；不久後，韋堅又開挖一條與渭水平行的漕渠，最終避開了運道下段的車載陸運。這期間最高運額達四百萬石。安史之亂，東南漕路曾一度中斷，轉以長江入漢水，由陸路抵

扶風（今陝西鳳翔）。廣德元年（763），劉晏主漕政，針對時弊作全面改革：開決汴河、疏濬河道；以鹽利為漕傭，僱人運輸；於河沿每兩驛置防援 300 人以保全全；創綱運法，十船為綱，每綱 300 人，篙工 50 人，武官押運；按「江船不入汴，汴船不入河（黃河），河船不入渭（渭水）」的原則，改進轉般法；據各航段水情分造運船，訓練漕卒。改革成效甚著，但因政局動盪，年運江淮米多為百餘萬石，少則 50 萬石。德宗時中原藩鎮割據，扼斷運路，韓混從鎮海軍（駐江蘇鎮江）載江南糧，武裝押運，直抵中原、關中，轉般法中止。憲宗元和年間（806～820）因李巽、王播等人的努力，曾一度恢復劉晏時的漕運水平。唐末漕政大亂，年運江淮米不過 40 萬石，至關中僅十餘萬石。

貞觀六年（632）設「舟楫署」管理漕政，後因不敷需要而廢罷。中期以來，因漕運日重，唐廷常令宰臣兼轉運使等職，主管漕政。綱運制度形成後，制定相應獎懲制，責成地方長官分負其責，後進一步明確由沿河縣令主持所在地段漕運事宜。

# 宋

北宋漕糧分四路向京都汴京（今河南開封）集運：淮汴之粟由江南入淮水，經汴水入京；陝西之粟由三門峽附近

轉黃河,入汴水達京;陝蔡之粟由惠民河轉蔡河,入汴水達京;京東之粟由齊魯之地人五丈河達京。其中來自東南六路的淮汴之粟占主要地位,中央三司使總領漕政,各路轉運司(漕司)負責徵集,發運司負責運輸。北宋對運河進行一系列整治,恢復與完善壩閘制,並建立複式船閘。加之北宋漕線較隋唐縮短近半,故運輸能力大增。

汴渠的水源黃河僅有半年左右充沛期。為有效利用半年可航期,北宋仍承唐轉般法,並以「平糴」為其基礎,江湖、兩浙、宿亳(淮南路)米麥,分別糴於真州(今江蘇儀徵)、揚州和泗州。發運使一員駐真州,督江浙等路糧運,一員駐泗州,負責真州至京師糧運。所在糧倉稱轉般倉,豐則增糴,飢則罷糴,將當納糧額折交斛錢(額斛),另從本地倉儲中代支起運(代發);諸路運轉司所徵漕糧交發運司。若耽誤可航期,發運司則以一百萬貫的「糴糧之本」,就近趁糧價賤而糴糧起運。此法自熙寧變法以來更趨完善,發運司的本錢從 100 萬貫漸升,最高達 350 萬貫,除保證 600 萬石的年運量外,真、泗二倉還有數年儲備。江南各路漕船按期至真州等倉後,還可裝官鹽返航,增加了效益。發運司掌 6,000 只左右漕船,綱運制進一步完善,熙寧二年(1069)又招募客舟與官舟分運,徵召一批商船直運至京。宋初東南六路漕米數目不定。太平興國六年(981)始定歲運江淮稅

米 300 萬石，至道初（至道始於 995）560 萬石，大中祥符初（大中祥符始於 1008）700 萬石，其後漸升，真宗、仁宗朝（1023～1064）因運河設施改善，年運量達 800 萬石，漕運常額，自景德三年（1006）定為 600 萬石，自天聖五年（1027）起暫減為五百五十萬石。金帛鹽茶布等「東南雜運」均由運河運送。另如徐州冶鐵，年運數達 30 萬斤。徽宗、欽宗時政治昏暗，漕政敗壞。蔡京廢轉般法，改直運法；「花石綱」等危害漕運事件屢有發生，故運量漸減。欽宗時汴京被圍，汴渠潰決，所入不及常數 1%。

南宋漕運體系以臨安（今浙江杭州）為中心作重大調整。建炎年間，江浙、湖廣、四川糧大多運往沿江重鎮及抗金前線，後改運臨安，運數大致仍 600 萬石。諸路中，江西獨居 1/3，長江及江南河為運輸主幹，採取官運為主、商運為輔的方式。

## 元

元都大都（今北京），汴渠也因北宋末年戰亂及黃河「奪淮入海」而失效，故大運河中段改南北取直，東移山東；海運興通，漕運進入新階段（見元代海運）。

元初漕運大致循唐宋大運河舊道入大都，但因舊運河失修，只能採取水陸聯運形式。至元十八年（1281）修鑿濟

州河，引汶、泗水經濟州（今山東濟寧）西北至須城（今山東東平）安山，南來運舟由徐州經濟州河入大清河，至利津（屬今山東）入海，海運至直沽，再水陸聯運至大都。二十六和二十八年會通河（須城安山至臨清）與通惠河（通州至大都）鑿成，元代大運河全線溝通。此外，至元十八年鑿成縱貫膠州灣與萊州灣的膠萊河，又形成一支海河聯運路線：運舟從江蘇淮安順黃河（黃河「奪淮入海」前的淮河故道）東下出海口，沿海北上人膠萊河，再經海道至直沽。

　　內河漕政的管理於至元十九年始趨完善，江淮都漕司負責江南至瓜州（在今江蘇揚州）段，京畿都漕運司接收前司漕糧，負責中灤（今河南封丘南，黃河北岸）至大都糧運。二司各於其關鍵地設行司、分司，以求上下銜接，年運糧30萬石。元代綱運劃為兩大組進行：短運（軍般、短般），其中又分兩段：南段由呂城（屬今江蘇丹陽）駐軍運至瓜州，北段由漢軍與新附軍由瓜州運至淮安；長運，募民船承運，從瓜州起運至淮安，由淮安分司開閘放船入淮，再由中灤、濟州分司派員分領綱船。官府另於運河北段地域掌握一批官船，大致是負責各所在地屯田糧的運輸。

　　海運的最高管理機構是中書省，其「左司」下轄「糧房六科」中的「海運科」為具體辦事機構，主要則由分處南北的兩大組織系統承辦。南方的「承運」系統最終定名為海道

都漕運萬戶府（治平江，今江蘇蘇州）；北方的「接運」系統為「都漕運使司」（駐直沽河西務）與「京畿都漕運使司」（駐大都），前者主要負責接納海道糧，兼及其他各路南來物資，後者將南來糧物運入大都各倉。南北兩大系統各擁有布局合理的糧倉。

# 明

明代漕運發展到一個新階段。這時徵運漕糧的有南直隸、浙江、江西、湖廣、河南和山東六省。漕糧又按供應地區的不同區分為南糧和北糧。其數額，宣德時最高達 674 萬石。成化八年（1472）始規定歲運四百萬石的常額。大抵自正德，嘉靖以後，連漕糧改折（約 100～200 萬石）在內才勉強達到此數。主要徵自南直隸和浙江，約占全國漕糧的六成。除漕糧外，還有白糧，由蘇州、松江、常州、嘉興和湖州五府供納，歲額二十一萬四千石，均系當地出產的白熟粳糯米。在用途上，漕糧為京、邊（北邊）軍餉，白糧供宮廷、宗人府及京官祿糧。

漕運的組織與管理：在中央，初置京畿都漕運司，以漕運使主之。後廢漕運使，置漕運府總兵官。景泰二年（1451）始設漕運總督，與總兵官同理漕政。漕府領衛軍十二總共十二萬七千六百人，運船一萬一千七百隻，另遮洋

總（海軍）七千人，海船三百五十隻，專職漕糧運輸，稱為運軍。在地方，以府佐、院道和科道官吏及縣總書等掌管本地漕事。中央戶部和漕府派出專門官員主持各地軍、民糧船的監兌和押運事宜。州縣以下由糧長負責徵收和解運。糧長下設解戶和運夫，專供運役。

明初承元之故，以海運為主，河、陸兼運為輔。一由江入海，經直沽口至通州，或徑往遼東；一由江入淮、黃河，自陽武縣陸運至衛輝府，再由衛河運至薊州（今天津薊縣）。江南漕運，則由江、淮運至京師南京。以承運者而言，海運為軍運，餘皆民運。僱運權是一種輔助形式。永樂年間因遷都北京，糧食需求日增，而海運艱阻，遂整治大運河，即從杭州灣通往北京的漕河。其辦法：一是疏濬會通河，造漕船三千餘隻，以資轉運。二是在運河沿岸淮安、徐州、臨清、德州和天津五處建置漕糧倉庫，亦稱水次倉。

漕運方法歷經改革，在明代趨於完善，計有：

支運法（即轉運法）。永樂十三年漕運總兵官陳瑄推行。規定各地漕糧就近運至淮、徐、臨、德四倉，再由運軍分段接運至通州、北京。一年轉運四次。農民參加運糧即免納當年稅糧，納當年稅糧則免除運糧，其運費計算在支運糧內。民運的比重約占支運的四五成。

兌運法，宣德五年陳瑄等推行。各地漕糧運至淮安和瓜

州，兌與運軍轉運；河南於大名府小灘兌與遮洋總海運；山東則於濟寧兌與軍運。軍運的費用由農民承擔。次年，始定漕糧「加耗則例」，即按地區的遠近計算運費，隨正糧加耗徵收，於兌糧時交給官軍。起初兌運與支運並行，其後兌運漸居優勢。

改兌法（即長運法或直達法）。秦十二金人（復原）成化七年漕運都御史滕昭推行。由兌運的軍官過江，徑赴江南各州縣水次交兌。免除農民運糧，但要增納一項過江費用。十一年改淮安等四倉支運糧為改兌。自此，除白糧仍由民運外，普遍實行官軍長運制度。

為維持漕運，國家規定漕糧全徵本色，不得減免，嚴格限制漕糧改折。只許在重災、缺船或漕運受阻等嚴重情況下才實行部分的改折，折徵時正、耗各項合計在內。漕運的費用由糧戶承擔，包括運費、運軍行糧及修船費等，均按正糧加耗派徵。由於漕政腐敗，各級官府貪汙聚斂，加耗雜派層出不窮，農民的負擔極為苛重，通常為正糧的二三倍，甚至四五倍，承運者無論民運或軍運，都是繁重的徭役。農民被僉點應役，荒時廢業，艱苦萬狀，又遭風濤漂沒，官吏勒索，勢必負債賠納，甚至家破人亡，被迫紛紛逃亡和反抗鬥爭。一般運軍下層，亦遭受同樣的苦累及長官的剋扣，不斷出現逃亡現象。

# 清

　　清代開鑿中運河，徹底結束借黃河行運時代，並建成黃、淮、運交會樞紐，緩和河面比降，減輕濁流灌運，改善了漕運條件。

　　漕運方法基本承明制，但又有下列名目（稱漕糧本、折三大綱）：正兌米，運京倉糧，定額 330 萬石；改兌米，運通州倉糧，定額 70 萬石；改徵，將漕糧改徵為其他品種；折徵，將漕糧折算成銀，價銀統歸地丁項內，上報戶部。此外又實行截漕（各地漕糧起運後，地方遇災，截留部分作為賑濟，或截一地漕糧運往另一地）和撥運（主要指截留山東、河南所運薊州漕糧，撥充陵寢及駐防兵米）等措施。漕船數與編制稍異明代，一般以府、州為單位，十人一船，十船一幫，十船互保。總數由一萬零四百五十五隻升為一萬四千五百隻，而實際用於漕運的僅七千只左右。每船裝運量不得超過五百石，另可裝土產往返各口岸行銷（後因運道淤塞而禁止），清代最終實行官收官運，承運者是衛所軍籍中較殷實的軍丁（運丁）。發運時海船配運軍一名，運副一名，僱募水手九至十名。各省運軍水手多少不等，總數在十萬名左右。漕運最高長官為漕運總督，駐淮安。其下為各省糧道，共七人，掌本省糧儲，轄所屬軍衛，遴選領運隨幫官員，責成各府會齊、僉選運軍等；坐守水次，監督、驗明漕

糧兌換，面交押運官，並隨船督行至淮安，呈總督盤驗。押運，原為糧道之責，後選管糧通判一人，專門負責督押，約束運軍，後因官卑職微，仍由糧道押運。領運官，由千總一人或二人領運，武舉人一名隨幫效力。為確保漕運無誤，於淮安、濟寧、天津、通州運河沿線設定巡漕御史，稽察本段漕運。此外，淮安淮北沿河置有鎮道將領，以催促入境漕船前行；在鎮江與瓜州的南漕樞紐處，由鎮江道催促，同時由總兵官（後改為副將）巡視河岸，協同督促漕船過江。

河漕施行以來，經費拮据，弊竇叢生，復行海運的呼聲日趨高漲。道光五年（1825）於上海設海運總局，天津設收兌局，並特調琦善等總辦首次海運。次年正月將蘇州、松江、常州、鎮江與太倉四府一州漕糧共一百六十三萬三千餘石分二批載運北上。漕船從黃浦江出發，經吳淞口東向大洋，行四千餘里達天津收兌局驗米交收。清廷特准商船載運免稅貨物二成往來貿易，調動了商船積極性。海運糧占全部漕糧總數之半，節銀米各十萬。道光以來河漕在十二三萬石之間，海運糧則達 120 萬石左右。

# 和糴

　　原指官府出資向百姓公平購買糧食。唐中期以後，逐漸成為官府強加於百姓的抑配徵購。始見於北魏孝明帝「收內郡兵費與民和糴，積為邊備」。

　　唐建國初，即行和糴。貞觀初年，朔州刺史張儉請於晉北和糴，以充邊儲。唐政府陸續設定「和糴使」、「和糴副使」等專職官員管理和糴事務。中唐以後，和糴往往透過各府縣按散戶配人的方法強制進行。不僅沒有公正的價格，而且在付值時多以「雜色匹緞」充數，使民戶又受到一層剝削。和糴之糧還強令民產運到指定州縣。從開元年間（713～741）起，唐政府多次下令，力圖消除和糴中的積弊，但成效不大。

　　宋代和糴比唐代更加廣泛。官府和糴的糴本，包括銅錢、鐵錢、銀、鹽、茶、香藥直到紙幣、官告、度牒等。和糴有博糴、便糴、對糴、結糴、俵糴、寄糴等幾十種名目，實際上大致可分置場和糴與抑配徵購兩類。置場和糴是官府在指定地點招徠富豪、商人出售糧草。由於富豪、商人和官吏通同作弊，

操縱糧草價格，出售劣質糧草，官府往往虧損糴本。宋廷為扭轉糴本虧損的局面，加之某些時期的財政危機，遂愈來愈多地實行抑配徵購，按人戶的產等、家業錢額、稅錢額、稅糧額、頃畝額強制攤派和糴，又採用支移、折變、加耗、大斗、大斛等名目，額外加稅。北宋時，河東路 13 個府、州、軍兩稅額為 39 萬餘石，和糴額竟達 82 萬餘石，而糴本不斷減克，似有實無。宋高宗趙構時，四川稅糧一石，承擔和糴一石，謂之對糴。宋孝宗趙音時，曾令兩浙、江東路，有田一萬畝，要承擔和糴兩千五百石。南末後期，民間和糴負擔尤重，常熟縣（今屬江蘇）秋稅為七萬餘石，而和糴額卻多至 30 萬石，少亦不下十四五萬石。官府從紙幣、官告、度牒之類作糴本，所值無幾，又因胥吏、攬戶等層層貪汙勒索，地主轉嫁和糴負擔，對農民造成極大的騷擾和痛苦。

遼於沿邊諸州廣設和糴倉，所儲達二三十萬石。金代和糴亦採用抑配的方法，甚至不給價。宣宗南遷後，和糴更重，百姓棄業流亡者極多。元代和糴包括糧草，其值以錢鈔或鹽引支付。每歲收糧數十萬石，以供應上都、和林，並作備荒之用。和糴草料主要在大都（今北京）周圍進行，鹽兩斤折草一束，歲收草達八百萬束。明清兩代常平倉中的穀物，有一部分即從民間糴入，官吏剋扣、給價不足等弊端仍然存在。

# 和買

　　原意是指兩廂情願公平交易。唐代孔穎達認為，和買始見於先秦。後和買逐漸變為官府強取民物。唐初和買包括絲織品、牲口、磚瓦木材、柴草、冬藏菜甚至奴婢等。中唐以後，為應付軍需及官府的種種需要，和買範圍更為廣泛。唐代和買不論民戶家產多寡，在相當程度上採取緣戶散配的方法進行，貧苦民戶往往被迫以高價從市場或富產手中購買用來繳納的物品。因此，名為和買，實為抑奪，與賦役的抑配方式實無二致。

　　宋時「和買」大多是官府向民間購買絲麻產品，以保證龐大常備軍的軍裝供應。為此，官府需在絲麻產區置場和買各種產品。宋太宗趙炅到宋真宗趙恆時，經馬元方、王旦、李士衡等人創議，開始實行預買，即向民間預支和買本錢，而以絲麻產品隨兩稅納還官府。預買推行於河北、京東、京西、淮南、兩浙、江南、荊湖、川峽等路，逐漸成為和買的主要形式，故宋人或將預買與和買混稱，或合稱和預買。大致自宋仁宗趙禎時，各地已用不同方式減克和買本錢，景

時，和買綢絹一百九十萬疋，慶曆時，增至 300 萬匹，和買成為民間沉重的負擔。北宋晚期，和買已部分演變為定額稅，南宋初期，更完全演變為定額稅，官府不再支付和買本錢。和買一般按人戶家業錢額、稅錢額攤派，某些地區還適當參照戶等。如四川自宋神宗趙頊時，規定鄉村上三等戶攤派和買，四五等戶不敷和買。南康軍（今江西星子）每稅錢430 文，起敷和買一匹。婺州（今浙江金華）某些縣人戶自30 貫家業錢以上，起敷和買。官戶和鄉村上戶往往採取詭名子戶的辦法，即將一戶抽成數戶以至數十戶，以降低戶等，向鄉村下戶轉嫁和買負擔。在不少地區，和買額超過夏稅額，成為南宋的重賦。

金代官府的和買亦透過抑配方法進行，範圍包括軍器、金銀及各種物料。諸王駙馬也借權勢和買諸物。元代採用按戶等或賦稅、土田數額攤派的方法，凡軍用物資、宮廷消費、官府日常用品皆在和買之列。但對和買之物給價很少或不給價，實際上是一種變相的賦役。明清兩代，和買稱為「採辦」，雖有不許擾民的規定，但官吏仍向商民勒索。

# 行

　　中國古代商業、手工業的同行組織。宋代的行稱「團行」，手工業中的行也有稱為「作」。明代，「團行」稱謂消失，普遍稱「行」或「鋪行」。

　　宋代政府須索物品，大部分透過和買，由各行業鋪戶供應。因此，官府按行業將鋪產登入置簿。鋪戶入行往往並非自願，而是由於官府的強制。如王安石變法（見王安石）時期，小至提瓶賣漿者，不入行不准在市買賣。被組織在行內的鋪戶稱行鋪或行戶。每行有行頭或行首、行老，由物力高強的上戶擔任。供應官物有舛誤或不按時限，行頭要賠墊補償。行頭每旬輪流為當旬行頭，負責分派和買貨物，原則上按行戶資產分上、中、下三等提供。每旬行頭議定和買價格，實際是貴價作賤價，上等作下等。官吏常將不堪出賣的紡織品作價償付，或者勒索中飽。官府還透過行頭向行鋪配賣積存物品，甚至俵借錢貫，使行戶難以負擔，破產失業。熙寧六年（1073），開封府肉行提出納錢免供官物，為政府所採納，開始實行免行法，後推行到邊遠地區，成為一種苛

稅。供官須索和納免行錢迭相實行。至南宋紹興二十五年（1155），廢免行錢法。行內貧富懸殊，行頭上屍常將其負擔轉嫁於下戶，或勾結官府作弊倖免，或因有客貨定價之權，接受賄賂，與客商共同剝削下戶，行記憶體在尖銳的矛盾。行頭也代表行鋪與官府辦交涉，充當僱用人力的仲介。各行有傳統的省陌錢行用數額、衣裝本色，以及迎神賽會等共同的活動。各行制定市場物價，不准行外人販賣，對限制行內外競爭，維護本行的共同利益等方面也起了一定作用。

在手工業者的行業組織中，作坊主或店主、工匠和學徒組成三個截然不同的等級，是封建等級制度在城市手工業中的展現。就整體來講，這些工商業的同行組織是一種封建性的組織。宋代同行組織的這些特點在元、明、清三代的同行組織中仍基本保留。隨著商品經濟的發展，工商業同行組織在明清時期也發生了一些變化。自清代中葉起，廣東佛山陶瓷業和廣州絲織業中出現了代表業主利益的「東家行」和代表僱傭工人利益的「西家行」。行業內部的條規、工價等須經雙方協商。此外，在明末清初，曾出現過以地域性為主的會館和按行業組成的公所兩類新型同行組織，它們全由工商業者自己管理，較少受到官府直接干涉。

# 鎮

宋以前指軍事據點，後代有時沿襲，亦具有明顯的軍事意義；宋以後主要指縣城以下鄉村以上設有稅收等機構的商業居住區。鎮，有憑藉威勢以懾服之意。用於軍事方面，則始於漢魏之際。曹操以諸將軍使持節戍守方面，或稱「屯」，或稱「鎮」。如建安中曹仁行征南將軍，假節，屯樊（今湖北襄樊市），鎮荊州。而後逐漸將出任都督者一概稱之為「鎮」或「出鎮」。西晉重用宗室諸王，以諸王鎮鄴、許昌、長安等軍事要衝，這些要衝又轉稱為「重鎮」。但當時鎮尚是泛稱，並未成為獨立的一級軍事據點或行政區劃。

北魏都於平城時，為抵禦柔然侵擾，在北方沿邊地區設定軍鎮，是為鎮成為獨立行政區劃之始。北魏比較重要的鎮有御夷、懷荒、柔玄、懷冥，武川、懷朔、沃野、薄骨律、高平、鄯善、敦煌、焉耆等。鎮的最高長官為鎮都大將，統兵防禦，主管城隍、倉庫等，秩品雖同於刺史，然因獨領一方，兵權在握，故又重於刺史。北魏遷都洛陽後，柔然衰落，諸鎮遂失去了抵禦外敵、封鎖京城的作用，不再為人所

重。鎮將、鎮兵和鎮民的地位急遽下降,最終爆發了反對北魏統治的六鎮起義,鎮亦旋即撤銷。

唐初,在邊地設定鎮戍。鎮戍兵力少,往往廢置無常,不利於防邊戍守。於是在鎮戍的基礎上逐漸出現了屯兵多且又有長期駐地的軍鎮,如安西四鎮、范陽鎮、平盧鎮等。節度使轄制軍鎮,或一或二,多者達四鎮,故又稱「節鎮」。後安祿山、史思明以節鎮身分發動叛亂,唐王朝又在內地相繼設鎮,意在藩衛朝廷。結果事與願違,反而在平定安史之亂後又出現了藩鎮割據的局面。

宋太祖趙匡胤建立北宋政局後,有鑒於藩鎮之弊,遂去軍鎮,奪節度使兵權。有宋一代,鎮已基本上不具備軍事據點的意義,而主要是從事貨物貿易的商業居民區。

宋代鎮市激增,主要原因在於商品經濟、鄉村集市貿易的發展。宋代對於一些商業居民點,戶口雖不及縣,但能夠徵收商稅和酒稅,即可置鎮。宋代各鎮設定監官,謂之「監鎮」,雖也掌管「巡邏盜竊及火禁之事」,但徵稅榷酤則是監鎮的主要職責。北宋一代上升為鎮的共 106 個,絕大多數是來自擁有上千家或幾千家的商業繁盛的村市、草市、墟市和在交通要道上的驛傳。其中 40 個又分布在京東東路、京東西路經濟發展的地區。據《元豐九域志》記載,宋神宗元豐年間(1078 ~ 1085),全國鎮市達 1,900 個以上,南方各路約

1,300 個，其中以兩浙、兩淮、江東、福建等路較多，而梓州一路則有 300 個以上。從這一方面也可以看到各地商品經濟發展的一般狀況及其間的差距。鎮一般都設官徵稅，個別不設官的，則將稅「賣撲」給私人承包。各鎮之間的發展也很不平衡，有的鎮在經濟上、財政上的地位，還超過它所隸屬的縣。全國有十多個鎮的稅收超過萬貫以上，高的達兩萬八千多貫。密州板橋鎮（今山東膠縣）、華亭縣青龍鎮（今上海市青浦縣境）為海舶會集的港口，北宋和南宋分別在這兩個鎮上設市舶司。少數的鎮上升為縣或監。鎮和市的稅收，在全國商稅總收入中占不小的比重。它反映了宋代鄉村居民同市場的聯繫較前代已大為加強。

明清時期，沿襲宋制，「設官將防遏者謂之鎮」。鎮上一般駐有行政官吏，如巡檢司、稅課局、鹽課司等。一些鎮仍是以其在軍事上的重要性和地主官僚的聚居而著稱。隨著商品經濟的繁榮，鎮也進入了大發展的階段。除宋、元時舊有的鎮外，在江南、東南沿海、運河沿岸山現了一批新型的鎮。這些鎮既有直接設定的，也有從市上升而來的。明嘉靖年間，上海地區有 34 個鎮，明末達到 55 個，清代前期，又新增加了 33 個鎮。自明代就以工商業發達聞名的震澤鎮，在清雍正二年（1724）升格為縣。鎮的規模也不斷擴大。明末清初，吳江縣盛澤鎮有五六萬戶，砌州雙林鎮有一萬六千餘

戶。有幾千戶的鎮更是不計其數。在新增加的城鎮人口中，多數是外來商賈、小手工藝者和流民。有些流民已成為受僱於他人的手工業工人。明代中葉以後，鎮的發展呈現專業化的傾向。一批以從事絲織業、棉紡織業、繅絲業，榨油業、製陶業，鐵器業生產為主的市鎮出現了。由於分工的關係，在鎮與鎮及鎮與市之間建立了一定的聯繫，初步形成了較為發達的市鎮體系和地區性的市場。鎮成為地區性的商業、交通運輸業和手工業的中心。店鋪、作坊、牙行林立，各類服務性、娛樂性的行業也有較大發展，市鎮生活的寄生性日趨明顯。另一方面，鎮的發展並不平衡，直到鴉片戰爭以前，在中國廣大地區，鎮的發展速度比較緩慢。

# 墟市

　　鄉村定期集市。這類集市是商品交換過程中最原始的低階市場，大概來源於古代的「日中為市」。東晉、南朝到隋、唐文獻記載中的草市，就是這類低階市場。宋代鄉村定期集市有了較為廣泛的發展。廣大地區仍稱這種集市為草市，兩廣稱為墟市，還有的地方稱為市、村市、山市、野市、子市、早市等。這些鄉村集市都有固定的日期，如「嶺南村墟聚落，間日會集裨販，謂之虛市」。所謂市中的字，很可能是街字的異讀。一說即瘧疾，間日復發，市為間日一集。鄉村集市是周圍村落的農民、小工、小商買賣交換的場所，以自己的農副產品交換農具、日常用品之類，稱為趕集或趁墟。在交易之後，一般四散回家，集市上沒有居民。隨著商品交換的發展，不少鄉村集市形成為新的居民點，彙集了行商坐賈，發展成為相當繁榮的貿易點，並上升為鎮、縣。在經濟發達的地區，這些定期的鄉村集市構成為商業網。宋政府對鄉村集市的發展，不加干預，有時還予以提倡。如熙寧十年（1077），政府許可戎州（今四川宜賓）、瀘

州邊境居民「興置草市，招集人戶住坐作業」，使雜居的蕃漢人民購置生產、生活用品得到方便。除嶺南墟市宋初一度不徵商稅之外，廣大鄉村集市都徵收商稅。但這些集市的商稅被當地富豪「買撲」承包。在全國商稅中，鄉村集市的商稅占有一定比重。

　　明清是鄉村集市發展、繁榮時期。除嶺南地區仍稱為「墟市」外，其他地區多稱為「市」或「集」。江南地區鄉村集市的發展達到了相當可觀的規模。弘治間，上海縣有十一個市。市的所在地的居民多數在一百戶至三百戶之間，個別的市有五百戶至一千戶。除了商品生產及交易外，茶肆酒樓也大量出現，市鎮生活的寄生性日漸增大。市之較大且繁榮者，往往不在鎮之下。吳縣月城市，因地處閶門內，成為「各省商賈所集之處」。由於商品經濟的發展，一些市漸漸向專業化轉變，吳江縣庫江市，「居民數百家，鐵工過半」。某些市還發展為鎮，以絲織業著名的盛澤鎮，明初為一小村落，嘉靖間「始稱為市」。明末清初，盛澤已成為吳江縣第一大鎮。這些分布廣泛的市成為僅次於鎮的地區性商業中心，並與鎮一起初步構成區域性的市鎮體系。嶺南地區的墟市出現了一些「逐日市」和專業化的墟市。北方地區則以定期集市為主，其繁華程度遜於江南。清代以後，儘管某些市衰落，但總的趨勢是仍在發展。

# 質庫

　　中國古代進行押物放款收息的商舖。亦稱質舍、解庫、解典鋪、解典庫等。即後來典當的前身。在南朝時僧寺經營的質庫已見於文獻記載。唐宋以後，社會經濟日益發展，質庫亦隨之發達。富商大賈、官府、軍隊、寺院、大地主紛紛經營這種以物品作抵押的放款業務，同時還從事信用放款。明代質庫的經營者多為徽商，他們遍及許多城市，「每以質庫居積自潤」。明嘉靖間，禮部尚書董某「富冠三吳」，除田產外，「有質舍百餘處，名以大商主之，歲得子錢數百萬」。送人質庫抵押的物品，除一般的金銀珠玉錢貨外，有時甚至還包括奴婢、牛馬等。普通百姓則多以生活用品作抵押。質庫放款時期限很短，利息甚高，往往任意壓低質物的價格，借款如到期不能償還，則沒收質物，因此經常導致許多人家破產。

# 邸店

　　唐代以後供客商堆貨、交易、寓居的行棧的舊稱。亦稱
「邸舍」「邸閣」「邸肆」「邸鋪」「塌坊」「塌房」。「邸」
原是指堆放貨物的貨棧，「店」原是指沽賣貨物的場所，東
晉、南朝至唐初兩者是有所區分的。但南朝時已有邸店聯
稱。唐初以後，邸店除堆放貨物外，也兼住商客。商客帶著
貨物住進邸店後，邸店主人與牙人為商客作中間人，將貨物
賣出，或再購買貨物。這樣邸店又發展為客商交易的場所，
具有倉庫、旅舍、商店多種性質。邸店收取邸值（棧租）。
由於獲利豐厚，唐中期以後，貴族官僚和寺觀也紛紛開設邸
店，於是邸店大量湧現，在長安、洛陽等大城市的市場四
周，少的有百餘處，多者達三四百處。唐中葉以後，郊外鄉
村也出現有邸店。有些節度使甚至在關隘要道設邸店，強徵
行商商稅。隨著商業的發展，宋代許多城市都有邸店，南宋
臨安邸店大為興盛。明代，政府曾將邸店官營，於兩京設立
塌坊。以後，塌坊漸入勳戚、權貴之手。

# 市舶司

中國古代管理對外貿易的機關。唐玄宗開元間（713～741），廣州即設有市舶使，一般由宦官擔任，是為市舶司前身。

## 宋

北宋開寶四年（971）設市舶司於廣州，以後隨著海外貿易的發展，陸續於杭州、明州（今浙江寧波）、泉州、密州（今山東諸城）設立市舶司。除廣州市舶司外，其餘幾處在政和二年（1112）前曾一度被停廢。三年，宋政府在秀州華亭縣（今上海市松江縣）設市舶務。南宋建炎二年（1128）復置兩浙、福建路提舉市舶司。從此，又恢復了兩浙、福建、廣南東路三處市舶司並存的局面。乾道二年（1166），罷兩浙路提舉市舶司。北宋中期以前，各處市舶機構皆稱為市舶司。北宋末大觀元年（1107）始將各處管理外貿的機構改稱「提舉市舶司」，而將各港口的市舶司改稱市舶務。南宋前期，兩浙、福建、廣南東路的市舶司通稱「三

路市舶司」或「三路市舶」。罷兩浙路市舶司後，原屬兩浙
路市舶司各港口市舶機構只稱「場」或「務」，福建、廣南
東路市舶司設在泉州、廣州，下設場、務。

宋代市舶官制變化十分頻繁。北宋前期，市舶司由所在
地的行政長官和負責地方財政的轉運使共同領導，而由中央
政府派人管理具體事務。元豐三年（1080），免除地方行政
長官的市舶兼職，而由轉運使直接負責市舶司事務。後又專
設提舉官。南宋時，各處市舶司曾一度並歸轉運司，或由提
點刑獄司、提舉茶事司兼管，但為時不長。兩浙路各處市舶
務的「抽解職事」由地方官負責。福建、廣南東路的市舶司
仍設「提舉市舶」一職。

宋代沒有關於市舶制度的統一、完整的規定，市舶司的
職責主要包括：

1. 根據商人所申報的貨物、船上人員及要去的地點，發給
   公憑（公據、公驗），即出海許可證；
2. 派人上船「點檢」，防止夾帶兵器、銅錢、女口、逃亡
   軍人等；
3. 「閱實」回港船舶；
4. 對進出口的貨物實行抽分制度，即將貨物抽成粗細兩
   色，官府按一定比例抽取若干份，這實際上是一種實物
   形式的市舶稅；所抽貨物要解赴都城（抽解）；

5. 按規定價格收買船舶運來的某些貨物（博買）；

6. 經過抽分、抽解、博買後所剩的貨物仍要按市舶司的標準，發給公憑，才許運銷他處。

市舶收入是宋王朝財政收入的一項重要來源。北宋中期，市舶收入達 42 萬緡左右。南宋前期，宋王朝統治危機深重，市舶收入在財政中的地位更加重要。南宋初年，歲入不過 1,000 萬緡，市舶收入即達 150 萬緡。在一定程度上支撐著財政。宋政府還透過出賣一部分舶物增加收入。太平興國二年（977），初置香藥権易署，當年獲利 30 萬緡。

宋代的造船技術十分發達，所造海舶載重量可達五千石（三百噸）。北宋後期，指南針已廣泛應用於航海，還出現了記載海路的專書 ——《針經》。與宋王朝有海上貿易的達五六十國，進出口貨物在四百種以上。進口貨物主要為香料、寶物、藥材及紡織品等，出口貨物主要是紡織品、農產品、陶瓷、金屬製品等。

### 古都長安

宋王朝對海外貿易十分重視，南宋時期更是如此。對市舶司中能招徠商舶的有功人員，往往給予獎勵，對營私舞弊的行為也曾三令五申加以禁止。

# 元

至元十四年（1277），元朝政府在攻取浙、閩等地後，立即在泉州、慶元（今浙江寧波）、上海、澉浦（今屬浙江海鹽）四處港口設立市舶司。後來又陸續添設廣州、溫州、杭州三處。經過裁併，到 13 世紀末，只在慶元、泉州、廣州三處港口設定。

市舶司由行省直接管轄。每司設提舉二人，從五品。元朝政府曾在中央設立泉府司（院），管理替國家經營買賣的商人，同時也經管市舶事務，但為時不長。市舶司的主要職責是：

1. 根據舶商的申請，發給出海貿易的證明（公驗、公憑）；
2. 對准許出海的船舶進行檢查，檢視有無挾帶金、銀、銅錢、軍器、馬匹、人口等違禁之物；
3. 船舶回港途中，派人前去封堵（封存貨物），押送回港；
4. 抵岸後，差官將全部貨物監搬入庫，並對全體船員進行搜檢，以防私自夾帶舶貨；
5. 將舶貨抽分，細色（珍貴品）十取一，粗色（一般商品）十五取一。後改為細貨十取二，粗貨十五取二。另徵收舶稅，三十取一。之後，發還舶商自行出售。對於來中國貿易的外國商船，市舶司也採取類似的管理辦法。市舶司的收入甚多，僅至元二十六年，就向元政府上交珠 400 斤，金 3,400 兩。

當時人說市舶收入是「軍國之所資」，可見它在元政府財政開支中占有重要地位。

市舶司初建時，一般均沿用南宋制度，日久弊生，嚴重影響市舶收入。至元三十年，元政府制定了「整治市舶司勾當」的法則二十二條。延元年（1314），又修訂頒布了新的市舶法則二十二條。這兩個法則，對市舶司的職責範圍作了明確的規定，其目的是為了加強政府對海外貿易的控制，增加更多的收入。元代的市舶法則比宋代更為嚴密，說明封建國家在管理海外貿易方面已經具有更為豐富的經驗。但是，貴族官僚常常帶頭破壞規定，使它流於空文。

元代見於記載的與中國建立海道貿易關係的國家和地區在一百個以上，東起日本、高麗（今朝鮮），西至東北非和西南亞。進口的舶貨，種類繁多。據慶元市舶司的資料，細色一百三十餘種，粗色約九十種，共兩百二十餘種，主要是香料、藥材、布匹、寶物等。經市舶司允許出口的貨物有紡織品、陶瓷器、日常生活用品等。海外貿易的開展，有助於中外經濟、文化的交流。市舶司的設立，使海外貿易趨於制度化，初期起過一定的積極作用。但市舶司是封建國家機器的一個組成部分，同樣存在官僚機構的種種弊端，往往阻礙了海外貿易的開展，元代中期以後特別明顯。

# 明

　　明代沿襲前朝之制，市舶司管理海外諸國朝貢和貿易事務，置提舉一人，從五品，副提舉二人，從六品，屬下吏目一人，從九品。提舉，或特派，或由按察使和鹽課提舉司提舉兼任。市舶司隸屬於布政司。因此，稅收大權完全掌握在布政司等長官手中。直至明末，採取了定額的包稅制，才改由提舉負責徵收。

　　吳元年（元至正十二年，1367）設市舶提舉司於直隸太倉州黃渡鎮（今江蘇太倉附近），洪武三年（1370）以太倉逼近京城改設在廣東的廣州、福建的泉州（後移至福州）、浙江的寧波各一司。在廣東的是專為占城（越南）、暹羅（泰國）、滿刺加（馬來西亞）、真臘（柬埔寨）諸國朝貢而設，在浙江的是專為日本朝貢而設，在福建的是專為琉球朝貢而設。七年，上述三司曾經一度廢止。永樂元年（1403）又在廣州設懷遠驛，在泉州設來遠驛，在寧波設安遠驛，由市舶司掌管接待各國貢使及其隨員。廣東懷遠驛，規模龐大，有室二十間。廣東市舶司命內臣提督。六年，為了接待西南諸國貢使，又在交趾雲屯（今越南廣寧省錦普港）設市舶提舉司。嘉靖元年（1522），因倭寇猖獗，罷去浙江、福建二司，唯存廣東一司。不久亦被廢止。直到三十九年，經淮揚巡撫唐順之的請求，三司才得到恢復。四十四年，浙江一司以巡撫劉畿的請求，又罷。福建一司開而復廢，至萬曆中始恢復。自此以後，終明之世，市舶司無大變動。

# 匠戶

　　中國古代從事手工業生產的專業人戶。唐代有番匠，即工匠在官手工作坊內服番役二十天。番匠亦稱蕃匠、短番匠。番匠服役期滿後，如接受其他應上番工匠的「幫貼錢」，繼續代人應役，稱長上匠。番匠在官府工少匠多時也可輸錢代役。宋代匠戶往往為官府以強差為強僱方式役使。元代以後，匠戶成為官府戶籍統計中的一類。

　　元朝匠戶的來源有二：一是蒙古在長期征伐過程中虜獲來的工匠以及被抑逼充當工匠的俘虜；一是從民間簽發來的手工工匠和並非工匠的普通百姓。匠戶在戶籍上自成一類，必須在官府的手工業局、院中服役，從事營造、紡織、軍器、工藝品等各種手工業生產，出各局、院和有關機構直接管理。不允許他們隨意脫籍，必須世代相襲，承當指定的工役。如果不肯入局、院服役，就要「痛行斷罪」。有些並非工匠的匠戶，或雖是工匠但所派工役非本人專長者，往往出錢僱工代為應役。官府發給入局、院服役的工匠本人及其家口鹽糧，工匠月支米三斗、鹽半斤，家屬十五歲以上的大口

月支米二斗五升，小口支米一斗五升。匠戶免除科差，但要納地稅。元代前期，匠戶可以免當雜泛差役與和僱、和買，但在成宗大德七年（1303）元政府改革役法後，匠戶須與民戶等按同一標準一起承擔。

匠戶的總數不可考。元政府在大都設立了大量局、院，因而聚集的匠戶也最多，僅製造氈罽願的工匠即在二萬戶以上，金玉瑪瑙工匠有三千餘戶。平定江南以後，元政府一次就簽發工匠三十萬戶，經過揀選後，還留下十萬戶左右。猜想元代匠戶應在二十萬戶以上。此外，還有隸屬於諸王投下的大量匠產。

匠戶應役時，「每日絕早入局」，在官吏監督下造作，「抵暮方散」，工作很辛苦。其中有一部分全家入局造作，他們多是原來被俘的工匠或被抑逼為工匠的俘虜，除了官府發給的鹽糧和偶爾賞賜的衣物之外，沒有其他收入，因而生活艱難，衣食不給，常常發生質典子女之事。另一部分是工匠自身入局、院應役，得到一份鹽糧；工餘可以回家和家屬一起工作，自行買賣。他們多是從民間簽發的匠戶，其處境比前者好些。但是管理局、院的各級官吏，往往巧立名目，「捕風捉影，蠶食匠戶，以供衣膳」。所以不論哪一部分匠戶所受剝削和壓迫都很沉重，只是程度有些差別。和民戶、軍戶、站戶一樣，匠戶中也有一部分富裕上戶，元政府就從他

們中間選拔局、院官吏，待遇與一般匠產有所不同。

洪武二年（1369），明政府下令「凡軍、民、醫、匠、陰陽諸色戶，許各以原報抄籍為定」，不許妄行變亂。匠戶隸屬於工部，分輪班匠、住坐匠二類。明初規定：輪班匠須一年或五年一班輪流到官手工作坊中服役，每班平均三個月。住坐匠則是每月赴官手工作坊中服役十天，若不赴班，則須月出銀一錢由官府另僱他人。這兩類匠戶在當值以外的其餘時間可以自由趁作，在一定程度上擺脫了終年拘禁在官手工作坊中勞動的束縛。但是，匠戶在身分上仍是父死子繼，役皆永充。匠戶子弟徵入內府針工局習藝者號「幼匠」。匠戶除了可免除一部分雜泛差役外，正役和稅糧不能免除。

匠戶的數目在明代十分龐大。洪武二十六年，輪班匠達十二萬九千餘名。宣德時天下工匠「數倍祖宗之世」。嘉靖四十一年（1562），須交納班匠銀的輪班匠達十四萬二千餘名。隆慶五年（1571），住坐匠仍有一萬五千餘人。

匠戶在作坊中要受到官吏的層層盤剝。各監局的宦官亦多占匠役。工匠中常有怠工或逃亡的情況。天順十年（1460），工匠逃亡多達三萬八千餘人。明政府一方面設法招撫，一方面將逃亡匠戶發往衛所充軍，知情不舉者亦充軍。成化二十一年（1485），明政府被迫下令輪班匠可折收銀

兩：南匠每名月出銀九錢，北匠每名月出銀六錢。納銀後，可免赴京當班（見匠班銀）。嘉靖四十一年，明政府進一步改革匠役制度：每名輪班匠每年納「班匠銀」四錢五分，從而廢除了輪班制。住坐匠仍需按月當差，匠籍制度並沒有取消。隨著商品經濟的發展，匠戶對於封建國家的人身依附關係日趨鬆弛。順治二年（1645），清政府宣布廢除匠籍制度。

# 機戶

　　專門從事紡織業的人戶或作坊。唐代中葉以後，紡織手工業已逐步與農業分離。最早在宋太祖開寶三年（970），濟州（今山東鉅野）有機戶的記載。機戶主要是從農村以蠶桑為業和以紡織為業的生產者中分離出來的，城市居民中也出現了一批機戶。宋代河北、京東等路以及亳州（今安徽亳州）、川陝諸路成都府、梓州（今四川三台），兩浙、江東等路的婺州（今浙江金華）、溫州、常州、杭州、徽州、湖州（今浙江吳興）等地，都有為數不等的機戶，其中梓州達數千戶。機戶起初可能由家庭成員構成的家庭作坊，此後又吸收了僱工等非家庭成員，構成非家庭作坊。從北宋的機戶，經南宋年間的機坊，到元代的機房，這種名稱上的改變，可能是由構成作坊成員的差別所引起。機戶之間的生產能力、經濟力量有不小差別；主要從事絲織品的織作。機戶的產品大都是商品，有的被官府收購，大部分投到市場上。這是造成宋代絲織業遠超過唐代的最重要的因素。

機戶受到封建統治階級的種種勒索和壓迫，往往因被官員拘占而被迫逃竄，或因官府任意變更定購的產品而大折其本，因官府不按時付工值而生活極為困難，或者被官府錦院拘占、刺字，被迫為官府織造。因此，機戶的生產得不到正常的發展。

　　元明清時機戶亦稱機家或機房。主要分布於江南地區的市、鎮之中。機戶既可以是匠戶，亦可以是其他民戶。隨著社會經濟的發展，從元代末年起，一批機戶開始進入商品生產與流通的領域。這類機戶大多數是小商品生產者，有的從事家庭手工業，妻子兒女作幫工；有的則僱傭十餘個工人，開設了小作坊。由於生產技術的提高，生產工具的改進和紡織品市場的日益擴大，在機戶之間也出現了明顯的分化。一些人從擁有幾張織機的家庭生產者發展成有三四十張織機的作坊主。他們的資產高達「數萬金」或「百萬金」。到明末清初，這些作坊主和僱工間的關係在相當程度上已是「機戶出資，機工出力」的商品貨幣關係。但是，大多數機戶都「名隸匠籍」，要為封建國家提供勞役以住坐、輪班及包攬領織的方法完成封建國家的徵派，還要負擔重稅。全體機戶亦受到行會組織的支配。明萬曆二十八年（1599）宦官孫隆在蘇州徵商，規定機戶「每機一張，稅銀三錢」，導致「機戶皆杜門罷織」，最終釀成了民眾的暴動。機戶也借封建政權

的力量鎮壓、剝削工人，如清雍正十二年（1734），政府即在蘇州立碑，禁止機工「叫歇」（即罷工）。總的說來，在以自給自足的自然經濟為主要特徵的封建經濟體系中，這種以商品生產為主的機戶，分布地區相對狹小，經濟力量也十分薄弱。

# 錢布

戰國時銅幣的稱謂。見於《韓非子》等書。稱銅幣為錢始於春秋末。戰國文獻中也經常提到錢幣,而且名稱各異,如《荀子》稱「刀布」,《管子》稱「錢幣」「刀幣」「布泉」等,雲夢秦律則稱貨幣為「金錢」。

錢本為鏟形農具之名。有人以為古時曾用鏟為交換媒介,稱鑄幣為錢當與此有關。《管子》、《周禮》中錢或作「泉」,前人以為是喻其流轉不息如泉流。秦漢以後用和「泉」音近的「錢」以代「泉」。布和幣的本意是指麻布或絹帛。古代用布帛為交換媒介,麻布長八尺,幅寬兩尺五寸,相當十一錢。布和錢有一定的比價,反映出秦國在鑄幣出現之前,麻布曾起過貨幣的作用。有人以為布和農具之「」音相近,故鏟形銅幣名為布幣,但此說不確。從秦簡來看,在銅幣取代麻布之後,人們仍慣於把銅幣稱為布。

以往的布帛、海貝等物,只是一般的等價物,雖在交換中造成貨幣的作用,還不算是真正的貨幣。春秋末到戰國初,由於社會生產力的提高,出現了簡單的商品生產,海貝

等物已不能適應新的需要，金屬鑄幣遂應運而生。鑄幣以青銅為原料，由國家發行，有一定的形狀、重量或面值。《國語·周語》說周景王二十一年（前524）曾鑄大錢，這是現存古籍中有關鑄錢的最早記載。約從這時到戰國初，銅幣大量出現，各國所用之錢，也形狀不一。

春秋末到戰國初，在晉、周一帶通行鏟形幣，後人稱之為布。鏟柄有銎，即所謂空首布。布上或有標記性的單字，或有費、三川、邯鄲、東周、盧氏等地名。稍後，空首布又為不帶銎的平首布所取代。平首布的兩足有尖足、方足、圓足之分，其使用時間長，通行地區也較空首布廣泛。鑄造平首布最多的是韓、趙、魏三國，其次為燕、周、楚。布上一般都有鑄造該錢的城邑之名，如有安邑、梁、蒲坂、皮氏、垝、高都、屯留、襄垣、晉陽、茲氏、離石、安陽、武安、中陽、猗氏、平陰、襄平、東周等。三晉的平首布往往抽成大小三品或兩品，如魏的安邑布有二釿、一金斤、半金斤三種。在長期通行的過程中，二金斤、一金斤的漸漸消失，半金斤的數量日益增多，每枚約重六克左右。戰國晚期，有的布上的面值為一兩或十二銖，反映出新的斤、兩、銖制代替了舊的益、釿制。十二銖即半兩，秦漢用半兩，即由此而來。

齊和燕的錢幣以刀幣為主。齊刀上有「齊法化」（近人或釋「齊大刀」）、「安陽之法化」「節墨墨法化」等文記。

燕國的刀上有一「明」字，俗稱為明刀。趙可能受燕、齊影響，除用布外，也鑄造一部分刀幣，刀上有邯鄲、白人等地名。

　　約和平首布同時或略晚，在三晉和周又出現了圓錢，其孔為圓形。錢上有「垣」「共」「藺」「離石」「東周」等地名。齊和燕也有圓錢，但皆為方孔。齊圓錢上有「貝益六化」「貝益化」等文記。燕錢上有「明刀」「一刀」等文記。兩國之圓錢都分大小幾品，鑄造量較大，故傳世遺物比三晉多。秦在戰國晚期也發行過方孔圓錢，上有「兩甾」「半兩」「文信」等文記。楚除用銅布外，還鑄造過貝形的銅幣，俗稱蟻鼻錢，上面有一字或幾字。這種錢多出土於今河南、安徽、山東、江蘇等地，可知其流通範圍多在楚的東部。

　　市場交易雖以銅幣為主，但黃金也進入流通之中。《管子》說：「黃金、刀幣，民之通施也。」在不少文獻中有君主賜黃金若干斤或若干鎰的記載。地下出土的黃金貨幣以楚為最多。楚的金幣一般製作成錠形版塊，上面打上「郢爰」（近人或釋為「爯」）、「陳爰」之類的戳記。還有的作成圓形金餅，使用金餅者除楚外，應還有三晉等國。這兩種金幣在使用時，都可切割成不同大小的塊，它和具有固定重量、形態的銅鑄幣不同，是一種秤量貨幣。白銀也有用作貨幣者，唯實物資料很少。

戰國時鑄錢權為官府壟斷。《管子》說：「人君鑄錢立幣。」雲夢秦律則嚴禁民間私自鑄錢。許多國家的都城都鑄造錢幣。如河北易縣的燕下都和山東臨淄齊都遺址中都曾發現鑄錢作坊遺蹟。除國都外，其他城邑也能鑄錢。各地出土的錢範，多為泥製或石製，也有少數為銅製。

戰國時期出現大量青銅鑄幣，反映出當時商品經濟已進入較為發達的階段。戰國市場上，用錢已能買到穀物、織物、牲畜、珠玉、銅鐵器、脂、膠、酒類等多種商品。農業中，僱主給僱工錢布作為勞動報酬。國家向人民徵收的租稅中也有一部分是貨幣，如《孟子》說：「廛有夫里之布」；《荀子》說國家向人民徵收「刀布」以達到橫徵暴斂的目的。當時還出現了借貸和利息，《史記》所說的「子貸金錢」，即指靠借貸貨幣而營利的高利貸資本。以上情況表明，隨著商品貨幣關係的發展，貨幣的職能在不斷擴大，貨幣的作用也滲入到社會生活的各個方面，對經濟發展造成了一定的促進作用。

# 織室

　　宮中的絲織作坊。楚漢戰爭中，漢軍擄魏王豹，輸魏宮薄姬於織室，是為織室見於記載之始，可推知至秦已有織室的設定。西漢時，織室屬少府，設在未央宮，為宮中織作繒帛和文繡郊廟之服。主管官吏有令、丞，屬吏有令史等。織工多為官奴婢。貴族婦女犯罪，常被輸作織室。宣帝時，織室已分為東織、西織。元帝時，東西織室歲費各達五千萬，而產品遠不及齊三服官（見服官）。成帝河平元年（前 28）省東織，更名西織為織室。東漢時廢織室令，設丞。章帝以後，由宦官充任。

# 工官

　　秦漢時管理官府手工業的官署。從睡虎地秦墓出土的秦律竹簡《金布律》、《工律》、《工人程》、《均工》、《司空》、《軍爵律》、《效律》、《秦律雜抄》等部分中可以看到，秦對官府手工業的各種制度，如產品的品種、數量、品質、規格和生產定額，產品的帳目、各類勞動者的勞動定額及其換算，對勞動者的訓練和考核，度量衡的檢校等，都有詳細具體的規定。當時管理官府手工業的官署，縣有工官、司空，縣以上直到中央有工室、邦司空、大官、左府、右府、左採鐵、右採鐵等，官員有丞、嗇夫等。縣的令、丞對官府手工業的管理也負有一定的責任。勞動者則有工師、工匠、徒、隸等，由曹長領班工作。生產門類有鐵的開採和冶鑄、鑄錢、車輛、兵器、用具、漆樹的種植與漆的生產等。產品主要歸官用，也有出售的。

　　漢承秦制，在中央及有些郡縣設定工官，諸侯王國也有工官。漢武帝時，由於官吏和軍隊的增加，皇室貴族的奢靡以及大量工程的興建，官府手工業有很大的擴散。當時，中

央的許多機構，如太常、宗正、大司農、少府、中尉、將作大匠、水衡都尉等，屬下都設有各種名目的工官或兼營官府手工業的官署，其中以供應皇室需要的少府設定最多。這些官署分別從事鐵器、銅器、鑄錢、染織、衣服、陶器、玉器、兵器、漆器、木器、磚瓦木石等建築材料、建築工程、船隻、彩繪、雕刻等的生產。郡縣除鹽官、鐵官外，在手工業發達的地區亦設有工官，據《漢書・地理志》及其他記載即有十幾處，實際數目當不止此。其中如蜀郡（今四川成都）、廣漢郡（今四川金堂東）工官的銅器、金銀知器，生產規模相當巨大，產品製做亦極精美。主造兵器、漆器的河內郡（今河南武陟西南）工官也很有名。此外，還有以專業命名的工官，如臨淄（今山東淄博市東北臨淄鎮北）和襄邑（今河南睢縣）的服官，河東郡（今山西夏縣西北）、丹陽郡（今安徽宣城）的銅官，廬江郡（今安徽廬江西南）的樓船官等。

官府手工業的生產，由護工卒史、工官長、工官丞、掾、史、令史、佐、嗇夫等管理，勞動者有工、卒、徒、工巧奴等。有的產品分工很細。如漆耳杯往往就是由素工、髹工、上工、銅釦黃耳工、畫工、雕工、清工、造工等多人分工合作製成的。《鹽鐵論・散不足》所說的「一杯木卷用百人之力，一屏風就萬人之功」，並非全屬誇飾之辭。這樣製

作出來的器物，十分精美，技術和藝術水平都很高超。

　　工官產品主要供皇室御用、賞賜及官府軍隊的需求，雖有一部分出賣，但除鹽、鐵外，主要是非商品性生產。儘管規模巨大，技藝精湛，但也因此造成了人力和社會財富的巨大浪費，並大大增加了國家的財政支出。元帝時，齊三服官作工各數千人，一年要耗錢數億，蜀郡和廣漢郡的金銀卸器一年各耗錢五百萬，京師少府所屬的三工官和兩織室，一年各耗費錢五千萬。因此西漢後期，臣下屢屢建言節省和廢罷某些工官或其產品，漢朝政府也曾下詔施行，但效果不大。

　　東漢時，中央各工官的隸屬略有變化，如少府的考工令改屬太僕，司鑄錢、造兵器和織綬諸雜工，大司農屬下的平準令則兼練染，作彩色等。新起的造紙手工業，則由少府所屬的尚方令主管郡縣工官除製做器物外，還兼向當地私人手工業徵稅物，東漢前期光武、明帝、章帝、和帝時，供皇室御用的官府手工業產品曾有所減省，但此後隨著統治階級的奢侈腐化，又增多起來。

# 兩漢均輸

　　漢朝官府利用各地貢輸收入為底本，進行販運貿易的一種經濟措施。均輸之稱，先秦時已出現，其原義是指政府按距輸所遠近增減各地貢輸數量以均勞費；漢武帝時推行的均輸，始有新的含義。

　　當時，為了彌補軍事上的浩大開支和限制富商大賈經營販運貿易的牟利活動，繼鹽鐵官營之後，漢政府於元鼎二年（前115）桑弘羊任大農丞時，即試辦均輸，很快取得成效。但由於政府將實行告緡令（見告緡）及其他財政措施所得的大量緡錢分發各官署自行採辦物資，各官署互相爭購，引起物價上漲，官營商業猶待有一個統一的領導；也由於各地貢輸不盡符合官府需要，有的質量低劣，遠途運輸費用過大，往往超過貢物本身的價格，影響財政收入，這些弊病在尚未推行均輸的地區依然存在。為此，桑弘羊在元封元年（前110）以治粟都尉領大農事後，遂在全國範圍內普遍推行均輸法，把政府徵收運銷物資的許可權基本上集中於大農。西漢政府在郡國設定均輸官，有的即以均輸官（長）命名，有

的則以各地的特產命名,如木官、桔官、圍羞官等。均輸官
受中央派出的大農部丞管理,而統屬於大農屬下的均輸令、
丞。此外,少府、太常屬下有均官,水衡都尉屬下有均輸
令,分別主管其掌握物資的均輸事宜。

　　均輸的辦法是,將各郡國應繳的貢物,按當地市價摺合
為商人一向販運出境的豐饒而價廉的土特產品,連同輸往中
央的運價一起折算,就地繳給均輸官。除由均輸官將其中一
部分運往京師,供官需或交平準出售外,其他部分再加上均
輸官另行收購的物資,都運往價貴的地區出售。有時還把出
售所得在賣地再收購當地產品,易地出售,輾轉販運交易。
這樣,封建政府除了得到符合需要的地方貢納之外,可以從
販運貿易中得到大量收入,又減省了某些不必要的貢輸遠端
運往京師的耗費;同時也加強了各地的物資交流,並限制了
從事長途販運貿易的大商人的活動;此外,政府還利用均輸
所得物資發展了與匈奴、西域等邊疆民族的貿易。

　　均輸法實施後也發生違反立法原意的一些弊病,如向民
勒買並非當地常產的物品,使百姓只好賤賣自己的產品以滿
足均輸官的要求;交納產品時受到官吏的刁難;均輸官在出
售產品時又往往進行欺詐等。但總的說來,均輸法的推行還
是起了積極作用的。

　　西漢政府從均輸中增加的財政收入數字很大。一年之

中，均輸所入的帛即達五百萬匹。這些收入，與鹽鐵官營等收入一起，不僅滿足了對邊境少數民族戰爭和守禦開支的需要，而且供應了漢武帝巡行、封禪的鉅額用費和賞賜支出，做到了「民不益賦而天下用饒」。

　　昭帝始元六年（前 81）鹽鐵之議期間，賢良文學極力攻擊均輸法與民爭利，但未廢罷。均輸之制到西漢末年已漸廢弛，東漢初年正式省罷。章帝元和年間（84 ～ 86）尚書張林建議恢復，因遭到朱暉等人堅決反對而未能施行。

# 兩漢平準

　　兩漢政府透過官營商業收售物資以平抑市場商品價格的一種經濟措施，與均輸法緊密聯繫。平準思想始於范蠡，《管子》中亦有「准平」之詞。漢武帝時，桑弘羊發展了范蠡和《管子》的平準思想，於元狩元年全國普遍推行均輸法的同時，實行平準。其辦法是在京師長安設定名為「平準」的機構。由大農屬下的平準令掌管。大農諸官所掌握的物資，包括均輸貢物所剩餘的物品，以及工官製作器物中用作商品的部分，基本上集中到這裡。當市場上某種商品價格上漲時，平準就以低價拋售，價格下落，則由平準收購，使物價保持穩定。平準的推行，在一定程度上平抑了物價，限制了市場上的投機活動，特別是限制了富商對市場的操縱，對人民也有一定的好處。但平準在推行中也出現一些違背制度原意的問題，如商人與官吏勾結起來囤積居奇，賤收貴賣，進行投機。昭帝始元六年（前 81）鹽鐵之議，賢良文學即據此攻擊平準法，但平準並未廢罷。王莽實行的五均是在平準

基礎上進一步加強對市場的控制。東漢時，大司農屬下仍設平準令，但其職責只是「掌知物價」，不再直接從事商業經營。靈帝熹平四年（175），改平準為中准，轉屬內署，直到漢末。

# 五均六筦

　　王莽新朝對六種經濟事業的管制措施，即鹽、鐵、酒專
賣，政府鑄錢，名山大澤產品收稅和五均賒貸。這些措施於
王莽即位的次年（10）起，先後公布施行，合稱五均六筦
（筦，即管，由國家經營管理之意），也稱五均六。其名稱是
在當時託古改制的風氣下，由儒家劉歆以古文經《周禮》、
《樂語》為依據而提出來的。王莽企圖表面上說要以此來限
制商人對農民的過度盤剝，制止高利貸者的猖獗活動，但實
際上首要目的是增加新莽專制主義封建國家的財政收入，併
為構成這一國家的政權基礎的豪族權門大謀私利。

　　六中，鹽、鐵專賣和政府鑄錢都系承襲漢武帝劉徹以
來舊制。酒的專賣，武帝寸一度施行，昭帝始元六年（前
81），鹽鐵之議後廢除，改收酒稅，新莽時恢復專賣，規定
賣酒毛利三分償付各種材料、燃料、工具消耗及人工費用，
七分作為純利入官。名山大澤產品的徵課，過去亦曾實行。
這時更規定，凡開採金、銀、銅、錫和採捕作為貨幣原料的
龜、貝的工商業者，其產品不許在市場上自由出售，都要向

政府申報，錢府在一定時期予以收購。凡從事魚鱉、鳥獸等的捕撈獵取和從事畜牧的，也同其他小工商業者及出售家庭副業產品者一樣，收其利潤的十分之一以為「貢」（相當於後世的所得稅），經營這些產品不向政府申報和申報時有隱瞞的，產品沒收，並罰一年勞役，以示懲戒。

五均賒貸，是政府對城市工商業經營和市場物價進行統制和管理，並舉辦官營的貸款業務。主要在幾個大城市中施行，也旁及郡縣。所謂五均，指均市價以利四民和公家；所謂賒貸，是由政府辦理借貸。當時將六個實行五均的大城市，即長安、洛陽，邯鄲、臨淄、宛和成都稱為五均市，原長安市令及其他各市市長改稱為五均司市師，其他郡縣設司市，大體由地方官兼任，統稱市官。市師下有交易丞五人，又稱均官，錢府丞一人，又稱錢府官，分別掌管均平物價、收稅和賒貸事宜。

五均是武帝時平準法的發展，規定各市以四季的中月即二、五、八、十一月的商品價格作基礎，按商品質量分為上、中、下三等標準價格，稱為「市平」。市場價格超過平價時，政府按平價出售商品，促使價格回落，市場價格低於平價時，則聽任自由買賣。對於五穀布帛絲綿等重要民用產品，如果滯銷，則按成本加以收購，使經營者不致虧折。賒貸也是五均司市的任務之一。賒是借錢給城市居民作非生產

性的消費，如祭祀喪葬的用費，不收利息，短期即還。貸是借錢給小工商業者作資金，期限較長，按借款者的純利潤額收取年利 1%（一說是月息 3%，即年利 36%）。

新莽推行的五均六和武帝時的經濟管制措施作用不同。武帝時封建國家尚不甚腐朽，也能基本控制為國家推行政策的官吏，因此這些措施收到了若干積極的效果。而新莽時政權已很腐朽，大工商主出身的推行這些政策的官吏已非封建政權所能控制，因此類似的措施反而起了破壞經濟的作用。推行五均六措施的大商人與地方政府、豪民富戶狼狽為奸，多立空簿，府藏不實，操縱價格，盤剝百姓。平抑物價的市官收賤賣貴，甚至以賤價強取民人貨物。賒貸過期不還，便要罰作刑徒。官府收稅十分煩苛，飼養牲畜乃至婦女養蠶、紡織、縫補、工匠和商販直到醫巫卜祝都要收稅，連不事生產的城市居民也要納稅。而且條法苛細，處罰嚴酷，重的甚至要處死刑。廣大中小工商業者乃至居民均受其害。結果工商業遭到極大的破壞，五均六成了對人民的暴政。

五均六施行了十幾年，到地皇二年（22）才準備廢除，第二年新莽政權就告敗亡。

# 市

　　進行商品交易的固定場所。秦漢時，在京都、郡、國乃至大縣城內，多有官府在指定地區設立並由官府管理的「市」，與居民所住的「里」或「坊」嚴格分開。較大城市的市往往不止一處。如西漢長安城中即有九市，其中最大的，是東市、西市。襄平（今遼寧遼陽）有北市、南市；酒泉（今甘肅酒泉）有東市、西市；齊有左市、右市、南市、西市。

　　市周圍有垣牆，交易者只能由市門出入，以此限制市外交易。市門按時開閉。市中有市樓，又稱亭、旗亭或市亭，管理市的官署即設於此。為了便於經營管理，市內店鋪，攤販按經營商品種類分別排列，稱為「列」「肆」「次」「列肆」「市肆」或「市列」，列肆之間的通道稱為「隧」。列肆之後還有存放貨物的倉庫，稱為「店」。市每日定時開放，一般一日一次，也有一日數次的。在市中營業的除私商外，政府也派人來出售官營手工業產品及政府所掌握的其他物資。

　　封建政府對市的管理很嚴格。主管市的官吏，長安東西

市為市令,其他城市為市長,屬員有丞、市吏、市掾、市嗇夫等。市門有監門卒把守,市的各級官吏的職掌主要是負責商賈的著籍登記,檢驗外來客商的符傳,徵收各種租稅,檢查交易是否按規定進行,有無販運違禁品情況,評定物價,檢驗商品等級,檢核錢幣的質量並監督其使用,定期檢校度量衡,以及維持市場的治安。關於市中交易和官吏的職責,秦、漢法律中的《金布律》、《關市律》等有很詳細的規定。

新莽改制,行五均賒貸之法,更名長安東、西市令和洛陽、邯鄲、臨淄、宛、成都市長為「五均司市師」,下設交易丞五人,錢府丞一人,收稅煩苛,處罰嚴酷,給中小工商業者及人民帶來很大的痛苦。新莽敗亡前一年(地皇三年,西元 22 年)廢罷。

此外,漢代在邊境關隘還設有關《清明上河圖》區域性市,亦稱胡市,從事對邊疆少數民族的貿易。駐軍之處有時亦立軍市,設有軍市令掌等官職,收軍市租。

在小縣、縣以下的邑和農村中,沒有垣牆樓屋的定期集市比戰國時期增多,以趕集方式進行交易活動。東漢時「天下百郡、千縣,市邑萬數」,市邑就是定期市集的小邑,這種市集是農村之間以至城鄉之間物資交換的會合點,在封建社會是一種長期存在的交易形式。

# 關市

　　邊關的交易場所。關市原意是關與市的合稱。《國語·齊語》說「關市幾（稽）而不徵」，《周禮·天官》九賦中有「關市之賦」，秦律中有《關市律》。但後來關市也指關下所設的市。漢代文獻中的關市多指後者。這是一種設在邊境關口從事內地與邊疆少數民族及外國的貿易的市場。

　　西漢時，對匈奴、南越都設有關市，前者又稱「胡市」。對匈奴的貿易系以內地的繒絮、金、錢、米、酒麴等交換匈奴的牛馬、裘革。對南越的貿易系以內地的金銀、田器、馬牛羊等交換南方的特產和珍寶異物。

　　關市由政府嚴格控制，定期定時開放，商人需持政府頒發的符傳之類的許可證按規定品種數量進行交易。嚴禁從事違禁品的買賣，也不許輸入禁物，違者罪重至死。擅自出邊關走私的要處死。

　　關市的開閉與限制往往取決於漢政府對邊疆少數民族的政策，常影響到雙方關係。漢初呂後曾下令禁止向南越輸出金鐵田器和母畜，引起南越和漢的戰爭。漢初直至武帝初

年，為緩和匈奴的侵擾，亦屢通關市，以滿足匈奴的需要，但仍禁止對匈奴輸出鐵、鐵器和兵器。

漢代與邊疆少數民族及外國的陸路貿易儘管受到種種限制，但仍相當繁榮。新莽統治時，竇融據河西，姑臧（今甘肅武威）通貨羌胡，一日合市多至四次。

東漢時，與邊疆少數民族及外國的陸路貿易仍相當發達。章帝元和元年（84），北匈奴的貴族一次就驅牛馬萬餘頭，來武威和漢賈客交易，受到郡縣的款待和東漢政府的優厚餽贈。東漢政府還曾長期在上谷寧城（今河北萬全）開胡市與鮮卑、烏桓交易。西域方面，也出現「胡商販客，日款於塞下」的盛況。

以後歷代王朝，在邊境平安無戰事時，都在邊關設市，與周邊少數民族從事貿易，互通有無。關市有時亦稱為「邊市」或「馬市」。

# 鈔關

　　明代內地徵稅的關卡。因規定以鈔納稅,故名。宣德四年(1429)始創設。隸戶部,稅收多用以支付軍事撫賞費用。前後設有十三所,宣德時,設關地區以北運河沿線水路要衝為主,包括氵郭縣關(正統十一年移至河西務)、臨清關、濟寧關、徐州關、淮安關(在今江蘇清江)、揚州關(在今江蘇江都縣)、上新河關(在今南京)。景泰、成化年間,又在長江,淮水和江南運河沿線設定金沙洲關(在今湖北武昌西南)、九江關、正陽關(在今安徽壽縣)、滸墅關(又名蘇州關,在今蘇州許關鎮)、北新關(在今浙江杭州)。鈔關幾經裁革,萬曆六年(1578),尚存河西務、臨清、九江、滸墅、淮安、揚州、杭州七關;崇禎時,又在蕪湖設立鈔關。

　　設定鈔關旨在徵收船稅,臨清、杭州兩關也兼收貨稅。由各差御史及戶部主事監收。船稅以載運商貨之船戶為徵課對象。初期按運送路程之遠近和船舶大小長闊不同分等稱船料,估料定稅。宣德四年規定,南京至淮安、淮安至徐州、

徐州至濟寧、濟寧至臨清、臨清至通州各段均每一百料納鈔一百貫；自北京至南京間的全程，每一百納鈔五百貫。後又以估料難核，改為計算梁頭廣狹定稅，其標準自五尺至三丈六尺不等。

成化十六年（1480），各鈔關歲收鈔兩千四百萬貫，當銀十二萬兩。嘉靖至萬曆初，歲收銀大體維持在二十三萬兩左右。萬曆中期，明神宗朱翊鈞大肆搜刮，鈔關稅收大幅度上升，至二十五年上升為三十三萬五千五百兩。天啟元年（1621）又猛增至五十二萬兩，是萬曆二十五年前的兩倍。

鈔關初建時，以鈔為徵收本色。成化元年規定錢鈔均為本色。弘治六年（1493）又定鈔關稅折收銀兩例，但鈔關之名未變。

# 皇店

　　明代皇帝私人開設的店鋪。一說始於正德八年（1513），創始人為太監于經；另說創於劉瑾，始於正德五年前。皇店主要設在北方商賈輻輳、交通便利的城市和地區。如北京的九門、鳴玉、積慶二坊、戎政府街、盧溝橋和運河沿岸之張家灣、河西務、臨清以及北方的軍事重鎮宣府、大同、山海關、廣寧等地。店房或來自查抄的權貴店鋪，或來自宮店，或為強拆民房後所建。經營管理者由皇帝直接委派。如建於正德時一直持續到明末的戎政府街的寶和等六處皇店，即由一提督太監督理，另有司房鈔條書手數十名，提督太監的廳廨即設於寶和店中。開設皇店的目的主要在於營利，具體營業或為茶酒店，或為牙店、塌房（貨棧），或用作娼優所居的花酒鋪，有的則用來徵收商稅。其中僅寶和六店，一年所徵之稅即達數萬兩。皇店經管官員還憑藉權勢，隨意攔截商賈，橫徵暴斂，敲詐勒索。皇店周圍皆設巡邏，凡「負販小物，無不索錢，官員行李，亦開囊檢視」，商賈舟車，亦皆有稅，給商民帶來極大的災難。明世宗時曾一度革除京城內外皇店，並對作惡者嚴加懲處。但萬曆以後，皇店又不斷增加，害民日益嚴重。

# 官店

　　明代由官府開設的特殊店鋪。始設於吳元年（1367）之前。吳元年四月，朱元璋（即明太祖朱元璋）下令改在京官店為宣課司，府州縣官店為通課司，作為明朝政府徵收商稅的機構。官店之名仍然儲存，並一直延續到明末。主管官店者多為皇帝的親信太監。收入一般歸國家支配。

　　官店大都設於商業比較發達與交通便利的地區，如南京、北京、宣府、運河沿岸之通州張家灣、天津、山海關外之八里鋪，以及山西的蒲州、江西的東鄉等地，都設有官店，有些地方則設有多處。官店一般大於私人店鋪，如大寧都司的官店，新舊店房多達數千間。官店的作用因時而異。約從建立之初至洪武時主要用於刺探軍情和徵收商稅；永樂到景泰時逐漸變為停貯客商貨物的塌房（貨棧），藉以徵收商稅與牙錢鈔、塌房鈔的場所；景泰以後或出賃收租，或充當牙行、塌房併兼收商稅。官店的收稅則例，有的是依時估汁物資價值收稅，有的對商品的納稅稅額作具體規定，也有根據運載客貨的車船數字收稅的。主管官店者往往依仗權

勢，或強行邀截客商，或低價賣出客貨，貽害商民。官店既可徵商取利，故權貴之家每恃勢向皇帝奏討。由於賞賜日多，約到憲宗初，京師官店已大都為權貴所有。明中葉以後，不少官僚提出要將京師官店塌房盡數勘實，收歸明朝官府所有，爭論相當激烈。

# 明代馬市

　　東漢搖錢樹明代與邊疆少數民族互市的一種固定場所。因以交換或收買馬匹為主，故名。馬市由來已久。漢朝在邊境設關市，貿易專案即有牛馬。唐、宋、元等朝皆與邊疆少數民族進行馬市交易。明承此制，多設馬市，其中重要者有設於遼東的遼東馬市，設於宣府、大同的宣大馬市。

　　遼東馬市明初，戰事頻繁，馬匹奇缺，洪武時明太祖朱元璋曾分遣使臣到邊疆各地市馬。永樂四年（1406）三月在開原城東屈換屯（屈官屯）和廣寧城（今遼寧北鎮）的鐵山（永樂十年遷至城北團山堡）各置馬市一所。分別設馬市官（開原有提督馬市公署），專司收買兀良哈和女真各衛馬匹。正統四年（1439）限制海西女真到京城朝貢，同時承認在開原城南發展起來的私市為開原南關馬市，主要待海西女真，原開原城東的馬市則專待兀良哈。十四年，兀良哈勾結瓦剌進攻遼東，明政府關閉廣寧馬市和開原城東馬市。天順八年（1464）限制建州女真京城朝貢，同時開撫順馬市，專待建州女真。成化十四年（1478）應兀良哈三衛之請，復開

廣寧馬市於團山堡北，待朵顏、泰寧二衛；開開原馬市於古城堡南（後遷至慶雲堡），待福餘衛和海西、黑龍江等地女真。嘉靖末隆慶初，海西女真分裂，哈達部由廣順關入市開原東果園，稱南關。葉赫部由鎮北關入市開原馬市堡，稱北關。福餘衛仍由新安入市開原慶雲堡，但原南關馬市仍存，海西女真各部則昆列雜處，安肆貿易。此外，還有遼陽長安堡馬市，專待泰寧衛，罷於嘉靖三十九年；義州（今遼寧義縣）大康堡馬市，設於萬曆二十三年（1595），二十六年罷，二十九年復開。清太祖努爾哈赤起兵並攻陷撫順、遼陽等地後，各地馬市基本結束。

成化十四年規定，開原馬市每月初一至初五開市一次；廣寧馬市每月二次，分別為初一至初五、十六至二十。萬曆時開市日期日益增多，交易數額日趨擴大。各少數民族來市馬者，將馬匹及其他貨物赴官驗放後，方准入市交易。所市之馬，永樂初分上上馬、上馬、中馬、下馬、駒五種，馬價不一，上上馬一匹值絹八匹、布十二匹。永樂十五年重定馬價，上上馬值米五石、布絹各五匹。官市外許私市，漢族兵民可以農具、服飾、糧穀、鐵鍋等交換少數民族的馬、牛、羊、毛皮、人蔘等。市官徵收「馬市抽分」，作為撫賞之費。官市除按馬等付馬價外，還按來市少數民族首領職位的高低，另給不同的撫賞，以示「羈縻」。

宣大馬市為籠絡日益強盛、不斷擾掠的瓦剌，明政府於正統三年四月設大同馬市，厚加接待。十四年瓦剌首領也先藉口明政府削減馬價，大舉南犯。明英宗朱祁鎮親征，兵敗被俘；大同馬市也因此中斷。嘉靖三十年，韃靼強盛，俺答汗擾掠邊境，明政府為與俺答議和，仿遼東例，四月在大同鎮羌堡、五月在宣府新開口堡開馬市，專待韃靼，但作用不大，因於次年三月關閉。隆慶四年（1570）十月，俺答之孫把漢那吉降明。次年俺答汗受封為順義王，宣大總督王崇古因請再開宣大市。當年五月至八月先後在大同得勝堡、宣府張家口堡、大同新平堡、山西水泉營堡分別開馬市，以銀購馬，另有撫賞甚厚，宣府、大同一帶得以稍寧。

# 茶馬

　　以官茶換取青海、甘肅、四川、西藏等地少數民族馬匹的政策和貿易制度。宋神宗熙寧七年（1074）行茶馬法，於成都置都大提舉茶馬司主其政。明洪武四年（1371），產部確定以陝西、四川茶葉易番馬，於是在各產茶地設定茶課司，定有課額。又特設茶馬司於秦州（今甘肅天水）、洮州（今甘肅臨潭）、河州（今甘肅臨夏）、雅州（今四川雅安）等地，專門管理茶馬貿易事宜。茶馬司初設令、丞。十五年改設大使一人，副使一人。三十年又改設秦州茶馬司於西寧（今青海西寧）。明初還曾設金牌信符，作為徵發上述少數民族地區馬匹的憑證。明朝的茶馬政策有著明顯的政治目的。由於茶是邊疆少數民族生活的必需品，因此明統治者嚴格控制茶葉的生產和運銷，並嚴禁私販。以茶易馬，在滿足國家軍事需求的同時，也以此作為加強控制少數民族的重要手段和鞏固邊防、安定少數民族地區的統治策略。後來隨著內地與邊疆少數民族地區經濟交流的發展，民間往往突破明朝政府的禁令進行貿易。永樂時，明政府一度稍弛禁令，聽憑商

人與少數民族市馬，但為時不久，又嚴加申禁，並恢復已廢的洮州茶馬司，設立甘肅茶馬司於甘州（今甘肅張掖）。成化時，民間茶馬貿易日趨頻繁，巡茶御史屢出，茶多私運出境，而馬至日少。於是弘治時被迫開放商營貿易，召商中茶。弘治三年（1490）出榜招商，給引於產茶地方收買茶葉，運赴指定茶馬司，六分商賣，四分入官。此法一行，私茶出境一發不可遏止，好馬盡入民間商人之手，而茶馬司所得卻只是中下等馬匹；明朝官員將吏為了牟取私利，有的故意壓低馬價，以次茶充好茶，有的用私馬替代番馬，換取上等茶葉，致官營茶馬貿易更加衰落。正德時寵信西藏番僧，特許西藏、青海喇嘛及其隨從和商人例外攜帶私茶，明朝茶馬貿易制度崩壞日甚。此後明廷雖時下禁私茶之令，又曾欲復金牌信符之制，但民間茶馬貿易愈益興盛，雅安、打箭爐（今四川康定）等地成為漢族和少數民族人民互市貿易的繁華場所。這種貿易往來，不僅促進了內地與青海、甘肅、四川、西藏等少數民族地區經濟，文化的交流，對少數民族地區社會經濟的發展也發揮積極作用。

# 會館

　　明清時期都市中由同鄉或同業組成的封建性團體。始設於明代前期，迄今所知最早的會館是建於永樂年間的北京蕪湖會館。嘉靖、萬曆時期，會館趨於興盛，清代中期最多。會館幾乎遍及通都大邑，府、州、縣城甚至某些鄉鎮也有設定，僅北京的各種會館即有四百餘所。

　　型別明清時期的會館大體可分為三種：

1. 北京的大多數會館，主要為同鄉官僚、縉紳和科舉之士居停聚會之處，故又稱為「試館」。

2. 北京的少數會館和蘇州、漢口、上海等工商業城市的大多數會館，是以工商業者、行幫為主體的同鄉會館。

3. 四川的大多數會館，是入清以後由陝西、湖廣、江西、福建、廣東等省遷來的客民建立的同鄉移民會館。

　　建立和性質早期的會館絕大部分設於北京，其建立主要有由仕商購地建房捐給同鄉會館；和由同鄉領袖發起，同籍人士募捐興建，其中包括由商人發起，仕商合資興建的會館。這一時期的北京會館，主要以地域關係作為建館的基

礎，只為特定地域範圍內的同鄉提供居停、聚會的方便。雖然已出現由商人出資興建會館的現象，但絕大多數會館仍然是在京仕宦、縉紳、士子等同鄉的居停之所，即使商人使用會館，也僅限於一定地域範圍內的同鄉商人，而絕少同行業的商人，因此，早期會館只是一種同鄉組織，與工商業者絕少關係。

　　明中葉以後，隨著商品經濟和商業都市的逐漸發展，特別是蘇州、漢口、蕪湖、上海等工商業城市的發展，具有工商業性質的會館大量出現，會館制度開始從單純的同鄉組織向工商業組織發展。後期的工商業會館還可能同中國古代的綱運制度有著淵源關係，如福州的汀州會館，原來是長汀、上杭二縣經營紙靛的商人所組織的「紙靛綱」，後由「紙靛綱」擴充為「四縣綱」，再進而為汀州會館。明代後期，工商性質的會館雖占很大比重，但由於中國的工商幫會主要是從農村向城市延伸，且始終沒有離開過農村這個基地。因此，這些工商業會館仍保持著濃厚的地域觀念，絕大多數仍然是工商業者的同鄉行幫會館。即使到了清代後期，突破地域界限的行業性會館仍然只是相當個別的。此時出現的一些超地域的行業組織，大多以同業公會的面目出現。

　　作用明清時期大量工商業會館的出現，在一定條件下，對於保護工商業者自身的利益，起了某些作用。如許多會館

條規都有資金互助、救死扶傷、賑濟貧困的條文；同鄉同業者透過會館的力量來抵抗地棍奸牙們的勒索，也取得一些成效；江西南部的一些閩廣籍佃農，還利用會館組織，霸田抗租。但由於會館與鄉土觀念的牢固結合，其主要作用仍在於維護地方利益，這就造成各地工商行幫會館之間壁壘森嚴、各自分割市場、壟斷技術，從而阻礙了國內市場的集中擴大和生產技術的流通提高，使工商業者相當多的資金浪費在鄉族關係方面，難以累積起來大量資本。同時，會館與封建勢力的結合也相當顯著，會館的董事，往往推舉有名望的縉紳承擔，以求得到他們的庇護，以此鞏固各自工商業團體的地位和利益，加強對會館內部的控制。這些都不利於商品交換的擴大和社會經濟的發展。

# 海禁

　　明政府禁阻私人出洋從事海外貿易的政策。亦稱「洋禁」。始於明初，有明一代雖時張時弛，但直至明末，未曾撤銷。

　　海禁的實施明太祖朱元璋出於政治上的需要，在對外貿易上，除為「懷柔遠人」，允許部分國家或部族透過「朝貢」的方式進行貿易外，其他私人海外貿易一律禁止。洪武年間（1368～1398）屢申「通番禁令」，規定「濱海居民不許與外洋番人貿易」，頒布「將入口軍器出境及下海者，絞」等嚴刑峻法。又在山東至廣東的沿海地區修築海防工事，建立嚴密的「巡檢」制度。永樂以後，明廷仍屢申「嚴私通番國之禁」。但遠不如洪武年間嚴屬，禁令的範圍也逐漸縮小。永樂年間（1403～1424）對朝貢貿易的違禁事件，成化年間（1465～1487）對官吏私通番國的貿易事件，都採取比較寬容的態度。正德、嘉靖年間（1506～1566），西方殖民主義者漸次到東方尋找殖民地。嘉靖三十二年（1553）。葡萄牙殖民者以晾曬水漬貨物為由，強借澳門。他們盤踞

澳門，不服「抽分」，販賣奴隸，危害明朝主權，並轉向福建、浙江沿海從事違法的貿易活動。當時從事海上貿易者獲利甚巨，故官僚地主多與商人相勾結，憑恃權勢和厚資，串通官府，逃避禁令，招誘破產貧民出海。或違禁。私造雙桅大舠下海，有的則「私充牙行，居積番貨，以為窩主」。有的舶主更「名為商販，時出剽劫」，既是走私商，又是海盜。有些豪門世家、奸商舶主，利慾薰心，不僅與葡萄牙殖民者進行非法貿易，而且勾結倭寇在東南沿海一帶擄掠殺害中國人民，構成了有明一代的「倭寇之患」。嘉靖元年，給事中夏言認為倭寇起於市舶（即貢舶），建議罷市舶，屬行海禁。朝廷接受建議，封鎖沿海各港口，銷毀出海船隻，禁止下海捕魚撈蝦，斷絕海上交通。凡違禁者，必依法處以極刑。

危害明廷嚴厲的海禁政策，並不能阻遏私人海外貿易的發展，相反，參加對外貿易的人越來越多，朝廷無法禁絕。正如徐光啟所說：「官市不開，私市不止」，這是一種自然的發展趨勢。同時，正德、嘉靖年間海禁政策與洪武年間有所不同，洪武年間尚進行有限制的貢舶貿易，而正德，嘉靖年間所有的對外貿易都被禁止。這實際是閉關主義的表現形式，它阻礙了中國與鄰近國家的商品交流和國內工商業的發展，故廣東和福建的地方官員主張開放海禁。隆慶初，舊日

的海禁政策已經不可能維持下去，而東南沿海的倭患又已大
體平息，朝廷在輿論影響下，才批准福建巡撫都御史塗澤民
的建議，開放海禁，「准販東、西三洋」，以徵收商稅，增加
財政收入。

　　開洋禁開放海禁，即等於明政府允許私人海外貿易的合
法存在，這使參加海外貿易中小商人大大增加。他們湊集
資金，建造海船，裝載土產，徑往東、西洋，與海外諸國
貿易。明朝政府的商稅也因此不斷增長。漳州府在萬曆三
年（1575）徵收稅銀六千兩；萬曆二十二年則徵收銀約三
萬兩，增加五倍。海外貿易的發展，促進了東南沿海地區商
品性農業和手工業的繁榮，為資本主義萌芽的成長提供了有
利條件。但海禁的開放也是有限制的，弛禁初期頒發「引
票」五十張，萬曆中增至八十張，東、西洋各四十張。出海
貿易者，均須經海防同知批准，領取「引票」，到指定地區
貿易，並在規定的期限回港。對前往貿易的國家和地區也有
一定限制，日本即在禁止通商之列。另外，對出口貨物的品
種也有所限制。這類規定依然嚴重地束縛著海外貿易的正常
發展。

# 貢舶

　　又名市舶。本指明初海外諸國貢使所乘的船舶，引申為明清時代官府的對外貿易。明制，外國貢使來中國，除攜帶貢品外，准許附帶商貨進行貿易。對各次朝貢的貢品，明政府均照例償以相當代價。非朝貢國家的船舶來華互市例加禁止。明政府對海外諸國來華朝貢的貢期、貢道、船舶數和朝貢人數都有具體規定。貢期有兩年一貢（如琉球）、三年一貢（如暹羅、高麗）、十年一貢（如日本）數種，通常為三年一貢。為辨認貢舶的真偽，洪武十六年（1383），禮部制定勘合制度，並開始對暹羅等五十九國發放勘合文冊。貢舶到達港口後，先由市舶司檢驗「勘合」，相符者方許入京朝貢。貢舶帶來的商貨，可由貢使帶入京師，在會同館開市三日或五日，中國商人及軍民人等可將非禁貨物運入館內，在禮部派員監督下「兩平交易」。也可以在市舶司所在地互市，由市舶司主持，官設牙行，與民交易。初，貢舶貿易全免課稅。弘治、正德年間始行抽分制，稅率不一。弘治年間（1488～1505），北京會同館互市，抽稅十分之五。正德年

間（1506 ～ 1521），在廣東市舶司所在地互市，抽稅十分之二，此後一般以此為准。隆慶以後，貢舶貿易漸趨衰落。諸國來華之互市船舶，漸稱市舶。入清以後，市舶成為外國商船的專稱。

# 開中

　　明代鼓勵商人輸運糧食到邊塞換取鹽引，給予販鹽專利的制度。又稱開中法。開中之制系沿襲宋、元制度，但明代多於邊地開中，以吸引商人運糧到邊防，充實邊境軍糧儲備。洪武四年（1371）制定中鹽例，根據里程遠近，一至五石糧食可向政府換取一小引（二百斤）鹽引。此例以後隨形勢變化、米價高低而不斷有所變動。開中法大致分為報中、守支、市易三步。報中是鹽商按照明政府的招商榜文所要求的，把糧食運到指定的邊防地區糧倉，向政府換取鹽引；守支是鹽商換取鹽引後，憑鹽引到指定的鹽場守候支鹽；市易是鹽商把得到的鹽運到指定的地區銷售。鹽商們因為長途運輸糧食的耗費巨大，曾在各邊僱傭勞動力開墾田地，生產糧食，就地入倉換取鹽引，便於更多地獲利。因這種形式的屯田是由商人經營的，故又稱商屯。明初商屯東到遼東，北到宣大，西到甘肅，南到交趾，各處都有，其興盛對邊防軍糧儲備以及開發邊疆地區有一定作用。根據明朝政府的需要，除用糧米換取鹽引之外，有時也可用布絹、銀錢、馬匹等換

取，但以糧換取是主要形式。憲宗成化年間停止各邊開中法，令鹽商於戶部、運司納糧換取鹽引。當時，隨著統治階級的日益腐敗，皇室、宦官、貴族、官僚們見持有鹽引有利可圖，紛紛奏討鹽引，轉賣於鹽商，從中牟利。這一現象被稱為「占窩」。這種現象愈演愈烈，破壞了開中制度，也嚴重影響了政府的財政收入，改革鹽法以彌補國家的財政收入已勢在必行。孝宗弘治時，葉淇為戶部尚書，改舊製為商人以銀代米，交納於運司，解至太倉，再分給各邊，每引鹽輸銀三四錢不等，致太倉銀多至百餘萬，國家的財政收入驟增。因此邊地鹽商大都舉家內遷，商屯迅速破壞，邊軍糧食儲備也因此大減。明世宗時，楊一清又請召集商人開中，實行商屯。後經多人奏請，穆宗於隆慶二年（1568）以龐尚鵬為右僉都御史，管理鹽政、屯田，督辦九邊屯務，他與陝西三邊總督王崇古詳細規劃在邊地推行屯田開中，但因此制敗壞日久，已難收得實效。

# 城市市場

　　宋代,中國城市繁榮,10萬人以上的城市多達40餘個,其中有的超過百萬人。北宋首都開封的人口雖無確切數字記載,但從每年消耗漕米900餘萬石概算,人口當在150萬以上。南宋咸淳年間(1265～1274),杭州有39萬戶,124萬餘人。《馬可·波羅遊記》稱讚杭州是「世界上最繁盛和最偉大的城市」。而同期的倫敦和巴黎人口均不足10萬,工商業中心的布勒斯特和盧昂,人口均在5萬左右。宋以後,中國兩度由落後的少數民族統治,一度遭受外國資本主義的入侵,社會經濟政治發生巨大變動。與此同時,城市幾經滄桑,但總的趨勢還是向前發展的。元代有大商貿中心20來個,明代增至30餘個,清末縣以上大中城市1,500個左右。城市繼續向東南沿海沿江地區集中。元代,全國2/3的大商貿中心分布於東南沿海。明代,位於江浙的城市幾占全國城市的1/3。清代,西安、洛陽等內地大城市繼續衰落,沿江沿海城市繼續發展。元明,市場南北擴張,清代,東西發展,川江航線開通後,長江中上游城市迅速增加。鴉片戰爭

後，沿海城市呈現由南向北發展勢頭，上海逐步取代廣州，成為經濟貿易，特別是對外經貿中心，青島、天津、大連等商埠崛起，大體形成了近代城市分布格局。

宋至清代，城市市場由封閉走向半開放，地域和空間上擴散，營業時間延長，有以下幾個特點：

### 其一，打破封閉

宋至清中葉，城市規模擴大，城牆曾一度加固。首都是城牆三重，有的達四重，城牆從土夯變成磚石砌成。

宋都東京（開封）有城牆三道。開封外城周長 50 餘里，南北東各 5 門，西 6 門，其中南薰門、新鄭門、新宋門、封丘門為四正門。裡城周長 20 餘里，東南西北各三道門，正南門叫朱雀門。宮城位於裡城的西北部，周長 9 里（一說 5 里），正門宣德門旁又開 5 門，皆用金釘、紅漆，牆壁都是用磚石砌成的，樓頂覆蓋琉璃瓦，朱欄彩檻，西出西華門，東出東華門。

北京，金代叫中都，是仿照宋都開封改建而成的。中都分為大城、皇城和宮城三道。大城周長約 36 里，呈方形，城牆高約 4 丈，開 12 門。皇城、宮城在大城之內。元代稱北京為大都，城牆三重。大都外城周長 60 里，城門外築甕城，城牆底部寬 10 步，頂部寬 3 步。城門上以及兩門中間，都有美麗的建築物，其中的房間，收藏護城士兵用的武器。皇城

在大城內南部中央地區，宮城在皇城的東部，東為東華門，西為西華門，北為厚載門，南為崇天門。明代，北京城分為外城、內城、皇城、宮城四重。內城原稱大城，因後增築外城，故稱內城。周長 46 里，城牆高 3 丈 6 尺，用磚砌成，開 9 個城門。明政府於嘉靖年間修築外城，欲將整個內城包圍起來，但因財力不足，僅修起了環繞南郊的外城 28 里。北京城遂呈凸字形。皇城位於內城裡面，宮城位於皇城裡面。

南京是明初的首都。規模宏大，有內、外、宮城三重。裡城門 13 座，外城門 18 座，穿城 40 里，沿城一轉足有 120 多里。城高 4 至 6 丈，底部寬 4 丈餘，頂部寬 1 至 3 丈。城牆均以磚石砌成。皇宮在內城裡邊。

首都以外的城鎮也有建築兩道城牆的。如天津，金代為直沽寨，元代為海津鎮，明代為天津衛，清代升為州、府。外部以土牆相圍，周長 47 里多，開設 12 道城門。內城周長約 10 里，磚牆，開 5 個門。

許多地方誌中都有《城池》條目，據光緒《山東通志·疆域志·城池》載，宋以後，山東許多城市的城牆都由土牆變成磚石牆。如濟南城，明初，內外砌以磚石。章丘縣，明代以山石修築。鄒平縣，明代「始砌以石」。淄川縣城，明代「始建石城」，等等。

然而，宋代以後，尤其是晚清時期，市區迅速擴大，已

城市市場

非城牆所能包圍，且城牆成為商品流通的人為障礙；新式武器的使用，又大大降低了城牆的防禦功能。因此，有些新興的城市不再建城，有的老城市的城牆被拆毀。如天津城根據喪權辱國的《辛丑條約》規定，於 1902 年被強行拆毀。天津外城大部被毀，裡城全部被破壞，其舊址變成大路，亦即現在的東、西、南、北四條馬路。天津城市，從外觀上看，已由封閉變為開放。隨後，上海城牆也被拆除。不過，這是被迫和屈辱的開放。當然，有些城市的城牆仍然存在，有些尚留斷壁殘垣。中國的城市，由封閉走向半開放。

### 其二，店鋪林立攤點密布

隨著商品經濟的發展，舊的市場制度已成為貿易的障礙。如唐代長安東市，內有 220 行，四方珍奇彙集，貨物堆積如山，但仍限制在東西南北各 600 步的狹小固定範圍內。洛陽豐都市，內有 120 行、3,000 餘肆、400 餘店，「賄貨山積」，也被固定在方圓僅 600 步的狹小區域，嚴重阻礙了商品流通。這好像硬讓 10 歲的孩子穿 1 歲時的鞋一樣，勉強也穿不上，更走不了路。另外，店鋪太密集，也不安全。唐會昌三年（843）六月二十七日，夜三更，長安東市失火，燒東市曹門以西 12 行 4,000 餘家。這種市由官府設立在一個特殊固定狹小範圍內，並圍之以牆，由官吏嚴加看管的制度必須被打破，而且在宋代也確實被打破了。宋代取消市坊制，

市場不再像過去那樣由官府設立、被局限在一個特殊區域內，並由官吏嚴格管理了。商人可根據需要自由選擇營業地點，從而市場散布在全城各個角落。

宋都開封，民戶鋪席，坊巷院落，寺廟道觀，縱橫交錯，貿易活動，遍及全城。

杭州也像開封一樣，店鋪林立，「坊巷橋門及隱展去處，俱是鋪席買賣」。明清時期，南京店鋪館樓星羅棋布。

城裡幾十條大街，幾百條小巷，都是人煙湊集，金粉樓台。城裡一道可，東水關到西水關，足有十里，便是秦淮河。水滿的時候，畫船簫鼓，晝夜不絕。城裡城外，琳宮梵宇，碧瓦朱甍，在六朝時，是四百八十寺，到如今，何止四千百寺！大街小巷，合共起來，大小酒樓有六七百座，茶社有一千餘處。不論你走到一個僻巷裡面，總有一個地方懸著燈籠賣茶，插著時新花朵，烹著上好的雨水。茶社裡坐滿了吃茶的人。（吳敬梓《儒林外史》第二十四回）

都城以外的城市，亦到處都是店鋪。乾隆年間，蘇州畫家徐揚繪製的《姑蘇繁華圖》（又名《盛世滋生圖》）上展現出的蘇州城內有市招的店鋪就有 230 多家，分布於全城。

店鋪名字五花八門。有以店鋪主人姓名命名者，如開封的張家酒店，李家香鋪，曹婆婆肉餅，劉家藥鋪，萬家饅頭。北京的王麻子刀剪，天津的狗不理包子等等。有以店鋪

主人所在地和姓名命名的，如錢塘門外宋五嫂魚羹，候潮門
顧四笛、貓兒橋魏大刀熟肉，南瓦子宣家台衣等。有以仁義
風雅等字義命名的，如北京前門外大柵欄同仁堂藥店，其創
始人樂尊育說：「同仁二字，可命為堂名，我愛其公而雅。」
有以吉祥字義命名的，如德昌、同順、興隆、永利、利順
德、發昌、瑞蚨祥等店鋪名字即如此。

宋以後，店鋪數量增加。如上所述，明清時南京有
六七百家酒樓，1,000 餘家茶社，而宋代開封大酒店（正店）
只有 72 家。相差甚遠。

店鋪規模顯著擴大。北宋時，開封界身巷的金銀彩帛
商店，「屋宇雄壯，門面廣闊，望之森然」。潘樓東街巷上
的「劉家藥鋪，高門森然，正面七間大屋」。麴院街上的遇
仙正店（大酒店）「前有樓子後有台」（孟元老《東京夢華
錄》）。值得注意的是，市面上出現不少樓房。唐代長安市
中的「旗亭五重」即可「俯察百隧」，說明市上沒有什麼高
的樓房擋著旗亭上官吏的視線。北宋開封已有幾層高的大酒
樓。著名的樊樓，三層相高，五樓相向，各用飛橋欄檻，明
暗相通。南宋時，杭州市面上的高樓大廈已為數不少。據
《馬可·波羅遊記》載，杭州有 10 個大的方形市場。

這十個方形市場的每一個都被高樓大廈圍繞著，其下層
為商店，經營各種製造品，出售各種商品。

關於樓層的高度，記載和猜想不一，有的外國資料說是8層或10層樓，有的說是3層至5層樓。

由於西方的旅行家膾炙人口提到杭州的高樓大廈，我們不得不相信那是事實，高樓賦予杭州一種典型都市的外型，因此也增高了人口的密度。」

明清時的南京，據《儒林外史》載，已有幾百座「酒樓」，文學作品中不用慣用的「酒肆」「酒店」「酒館」等名詞，而徑稱「酒樓」，可見不少店鋪已是樓房了。清乾隆年間《姑蘇繁華圖》上，畫有一家二層樓、五間門面的大店鋪，說明在都城以外的城市裡也有商業用樓房的出現。清末，一些大城市，尤其在外國租界內，出現了許多新式高樓大廈的商店和金融機構等，標誌著中國古代城市市場向近代的轉變。

城市大街小巷，不僅有眾多固定的高門大屋的店鋪，而且有為數頗巨的流動攤點。

宋代，開封、杭州的坊巷橋市，有三五人操刀立肉案前賣肉的；有用淺抱桶盛裝、以柳葉間串活魚沿街出賣的；有推車賣糕的；有沿街擺攤出賣瓜果及其他食品的。夏季，這些人在當街立起青布傘來遮陽光，並擺床凳，在上面堆堆冰塊以降溫。

從一些材料來看，這些攤位可能是固定給個人的，他人不許侵占。

匡太公……忽聽門外一片聲打的響，一個凶神的人趕著他大兒子打了來，說在集上趕集，占了他擺攤子的窩子。匡大又不服氣，紅著眼，向那人亂叫。那人把匡大擔子奪了下來，那些零零碎碎東西，撒了一地，筐子都踢壞了。匡大要拉他見官……太公聽得，忙叫他進來，吩咐道：「快不要如此！……占了他攤子，原是你不是。」

（吳敬梓《儒林外史》第十七回）

匡大在集市上占了別人的攤位，因而發生衝突，打起架來，他父親竟判他「不是」，說明集市上的攤位是固定的，隨意侵占是不道德的。

明清時期，在城市擺攤賣貨的小商販數量巨大。清末，僅天津攤販就有 1 萬多戶，每戶有 8 口人，以此為生者 8 萬餘人，甚為可觀。這些貨攤分布在馬路街衢邊道上，主要集中在繁華的商業區內。據載，東北馬路攤販 121 戶，北門西一帶貨攤 58 家，估衣街一帶攤販 200 家，北門外樂壺洞兩邊的狹小街道上亦有 26 家貨攤。這麼多攤點嚴重影響市內交通。如北大關馬路西面便道寬者 1 丈，窄者七八尺不等。路窄人稠，攤點一擺，道路堵塞。

該處小攤，多系叫賣估衣以及零星各物，一經圍繞即無餘地。加以針市街、竹竿巷等處車馬行人如織，每與電車相遇，躲避無從，尤為可慮。

北大關、大衚衕及圍城馬路等處各種小攤任意侵占便道，再加上各處鋪戶門前所設障簷雨搭，用竿斜支，或將招牌外出，或設風擋牌坊，妨礙行人；或搭蓋窩鋪，或在門前堆積鐵、石、木料、雜物，占用道路，阻斷交通。

　　既要發展經濟，繁榮市場，又要保持道路暢通，秩序良好，是城市市場管理中的一個難題。辦法是對攤販加以限制和管理。一是限制攤位所在地區。天津巡警總局命令北門外一帶熱鬧地方的 20 餘家小販，遷移至圍城各馬路一帶空曠地方，設攤安業。但眾小販以種種理由拒絕搬遷。二是限制貨攤所占地盤。官府准許小販在北馬路一帶，各就牆根擺占一尺五寸、二尺、二尺五寸、三尺不等的貨攤。三是限制營業時間。天津警察廳曾擬定夜市規則五條。但以上這些都是一時權宜之計，時間一久，小販們仍任意擺設貨攤。於是天津警方又提出修建百貨售賣場，命令攤販一律移入的方案，因遭到天津商務總會的反對而作罷。商人中亦有提出在北馬路北海樓內創辦勸工場，並特闢出二層及三層樓上，專門為招集小販之用。此計劃亦未見諸實行。

　　中國城市中成千上萬的小攤販，取締不了，驅逐不掉，集中不起來，其原因是多方面的。

　　第一，擺小攤售賣零星貨物者，均系貧民作小本生意，冀獲蠅頭小利，以養家餬口。像天津這樣一個城市，竟有萬

餘個售貨小攤,養活著將近 10 萬人口,若將其取消,這些人立斷生路,必致小販遊閒,貧商枵腹,父母號寒,妻子啼飢,甚或強者鋌而走險,變成盜賊,弱者淪為乞丐,釀成社會不安定。

第二,「小攤亦商之支脈」(天津商會語),且能造成大商號所不能造成的作用,有其存在的必然性和必要性。

沿街小攤,亦代銷商貨之一端也。……況零星貨物若皆必設鋪,是亦難事,其財力之不足無論矣,且小攤之貨皆由大號而來,卻非大號所能兼售,蓋其間又有二焉,禁止小攤是直為大商閉一銷路也。

小攤是大的商號店鋪在地域上的向外擴張,正如樓房是店鋪在空間上向上擴散一樣。且活躍在許多夜市和曉市上的,主要是小攤販,這又可視作大的店鋪、商號在營業時間上的延長。小攤和店鋪共同組成完整的城市市場,缺一不可,這大概亦是中國古代城市市場的一個特色吧。

### 其三,繁華的商業區

由於交通條件、貨物來源、消費水平、習慣等差別,在城市中自然形成了一些繁華商業區。

據《東京夢華錄》等記載,北宋首都東京(開封)有以下幾個商業區。

東華門外商業區東華門外市井最盛,蓋禁中買賣在此。

凡飲食時新花果，魚蝦龜蟹，鵪兔脯臘，金玉珍玩衣著，無非天下之奇。其品味若數十分，客要一二十味下酒，隨索目下便有之。其歲時果瓜蔬茹新上市，並茄瓠（戶）之類新出，每對可值三五十千，諸閣分爭以貴價取之。

御街大內前南去商業區這裡有魚行、果子行、金銀珠子鋪、漆器什物鋪、花果鋪以及飯店、酒店、茶館等。位於該區的遇仙正店是開封有名的大酒店。

東角樓街巷商業區位於皇城東南角，「最是耍鬧鋪席」，是極繁華的商業區。有鷹店、珍珠、疋帛、香藥鋪席等。這裡的界身巷是金銀彩帛交易場所，貿易十分活躍，貿易額很大，每一交易，動即千萬。另外亦有酒店、飯店以及出賣小商品、小食品之類的早市和夜市。還有瓦棚之類建築，其中象柵最大，可容數千人，有說書、唱戲、賣藥、賣卦、賣剪紙、喝故衣的，熱鬧非凡，使人終日流連忘返。

潘樓東街巷商業區潘樓東去十字街，叫做土市子，又叫竹竿市，再往東十字大街，分布著茶坊、酒店、食品店、羹店、藥鋪、妓院、廟宇。且有馬行、雞兒巷、鵪幾市。其中劉家藥鋪為開封著名大藥鋪。鄭家油餅店，設 20 餘爐烙餅。馬行街「人煙浩鬧」，這裡亦有早市和夜市。

相國寺商業區相國寺「萬姓交易」。大三門上全是出賣飛禽貓犬之類的。珍禽奇獸，無所不有。第二、三門售雜

137

貨。庭中設鋪，賣蒲蓆、屏幃、鞍轡、弓劍、水果、臘脯之
類。佛殿附近，賣王道人蜜餞、趙文秀筆、潘谷墨。兩邊走
廊皆諸寺師姑賣刺繡品、花朵、珠翠、㡤（孚）頭、帽子之
類。殿後資聖門前，皆書籍、工藝品、圖畫以及諸路離職官
員帶來的土特產、香藥等。後廊有卜肆，全是賣卦的。還有
賣祕方的。

杭州最繁華的商業區是御街附近。貫穿杭州南北的御
街，長 27 里多，兩邊店鋪林立，這裡有最豪華的商店，最大
的飯店，以及最時尚的茶肆。

杭州城內，據《馬可·波羅遊記》載，還有 10 個大的
方形市場。市場的每一邊長半英哩，它的前面是大街，寬 40
步，成直線形，連線城兩端，路上有許多較低的橋梁。市場
彼此相距各 4 英哩，市場的對面，有一條大運河，與大街平
行，近岸處有許多石頭建築的大貨棧，這是為貯存來自全國
各地及印度等外國進口貨物使用的。市場的位置十分便利。

市場上貨物非常豐富，出賣各種肉、魚、蔬菜、水果和
酒以及其他商品。

和方形市場相連的街道為數甚多。有許多妓女、醫生、
星相家聚居在方形市場附近，併到杭州各地去活動。每一方
形市場的對面有政府機關，裡面住有管理市場的官吏。大群
的人為著各種職業，時常在市場上來來往往。每到開市之

日，市場上到處是商人，他們用車和船運來各種貨物，鋪滿地上，而且這些商品很暢銷售一空。

元代，北京積水潭東面的鐘鼓樓地區是繁華的商業區。這裡有緞子市、帽子市、珠子市、羊角巾、鐵器市，米市、上市、鵝鴨市等。許多進口的貨物也在這裡出售。明代北京的商業區發生了一些變化。原來的鐘鼓樓地區商業區，由於通惠河失修，積水潭淤積、縮小以及京城南移等原因，已不如昔日繁榮。而正陽門外一帶，則由於從南方運河上來的船隻和從廣安門來的車馬的集中而成了北京的一個商貿中心。正陽門大街以東有果子市、鮮魚口、瓜子店，以西有珠寶市、糧食店、煤市街等；東四牌樓附近有豬市大街、小羊市、禮士衚衕（驢市衚衕）；西四牌樓附近有馬市大街、羊市大街、粉子衚衕等。清代前三門（正陽、崇文、宣武），尤其是正陽門外一帶商業最為繁榮。正陽門外大街一帶，店鋪林立，許多有名的店堂鋪設在這裡。

明清時，據《儒林外史》描寫，南京的聚寶門、南門、虎丘路等處都是繁華的商業區，聚寶門貨物不計其數。

這聚寶門，當年說，每月進來有百牛千豬萬擔糧；到這時候，何止一千頭牛，一萬頭豬，糧食更無其數。

那南門熱鬧轟轟，真是車如游龍，馬如流水！

（虎丘路一帶）只見一路賣的腐乳、蓆子、耍貨，還有

那四時的花卉,極其熱鬧,也有賣酒飯的,也有賣點心的。

首都以外,許多城市裡都有自然形成的商業區。如蘇州,商賈多聚於西城。金〔門〕、閶「門」一帶,比戶貿易,自吳閶到楓橋,列肆 20 里,四方商人成群結隊到這裡購辦貨物。這裡是蘇州貿易中心。

邊遠的城市也有繁華的商業區。如地處西北的銀川城東西大街市肆稠密,百貨俱集,是該城最為繁華的商業區。

宋以後,城市市場的位置有很大變化,以都城為例,以前,市場一般設於宮室的北部,而宋以後,一些繁華的商業區往往出現在宮城的東西南三面,尤其是南面。宋都開封,皇城東南角一帶(東角樓街巷)是最繁華的商業區。明清時的北京,宮城南面的前三門地區,尤其前門一帶成為最熱鬧的商業區。市場位置的變遷是由各種原因促成的。如北京商貿中心從鐘鼓樓一帶移至前門外大街,除了受自然、交通因素影響外,還受政治等因素的影響。清代旗人居住內城,為了到外城買貨,川流不息出入前三門,當時士子常出入宣武門,商人常出入崇文門,官員多出人正陽門。這些也都促使前三門商業繁榮。

### 其四,各具特色的專業市場

城市中,同類和性質相近的店鋪相對集中在一起,形成了許多專業性市場。北宋開封馬行街鋪席絕大多數都是出賣

食品的，可稱為「食品街」。

馬行北去……至門約十餘里……處處擁門，各有茶坊酒店，勾肆飲食。……北食則樓前李四家，段家火鹿爐物，石逢巴子；南食則寺橋金家，九由子周家；最為屈指。（《東京夢華錄・馬行街鋪席》）馬行街北是醫藥鋪比較集中的地區，可稱「醫藥街」，其中有口腔、小兒、產科醫藥等。

杜金鉤家，曹家獨勝允，山水李家口齒咽喉藥，石魚兒班防禦，銀孩兒棲郎中家醫小兒，大鞋任家產科。其餘香藥鋪席……不欲遍記。（《東京夢華錄・馬行街北諸醫鋪》）

還有許多小商品市場。如在潘樓下，麗景門外，朱雀門內外，相國寺東廊外等處的鼓扇市場，就是這類性質的。

杭州也有同類商品集中在一處貿易，從而形成專業市場的，如自五間樓北至官巷南街，兩行多是金銀鹽鈔引交易；自融和坊北至市南坊，叫做珠子市，是珠寶集中交易的地方。杭州所需為數甚巨的稻米，從外地運來後，首先彙集在米市橋、黑橋，那裡「俱是米行」，然後再賣給全城各米鋪。壩北修義坊，名叫「肉市」，巷內兩街，皆是屠宰之家，每日宰數百口豬，供給城內外諸麵店、分茶店，酒店等。杭州所食的魚鮝，產於溫台、四明等郡。先集中到城南渾水閘，然後分發給城內外一二百家鮝鋪。杭州有「東菜、西水、南柴、北米」的諺語，說明菜、水、柴、米等農副產

品先分別集中於東、西、南、北門市場，然後銷售給全市居民。上述有些是批發市場，有些是零售市場。

北京也有許多專業市場。

花市明清時期，豐台區黃土崗就設有所謂「白貨場」，專門出售白色的玉蘭、茉莉等花卉。北京市花農集中在豐台十八村。北京的花廠子多集中在隆福寺、護國寺及崇文門一帶。崇文門處有花市大街，分兩部分。西花市是鮮花市，花紅葉綠，香氣襲人，姹紫嫣紅，爭奇鬥豔。東花市是「假花市」，出賣人們以各種原料（彩紙、彩絹、通草）製成的假花。這些花栩栩如生，巧奪天工，馳譽國內外。

果子市位於前門外珠市口東大街路北的第二條衚衕內，由南向北直到大江衚衕，市兩側有 40 餘家經營水果的店鋪。每年 3 月至 11 月營業最為繁忙，果子市內車水馬龍，摩肩接踵。裝載瓜果的大小車輛，挑擔和馱筐牲口排滿了果子市及其附近的小蔣家衚衕、布巷子等，喧鬧之聲，甚囂塵上。西瓜上市時，來自北京西北地區運西瓜的車輛、牲口，挑擔的人群，從正陽門一直排到果子市北口，進北口，出南口，絡繹不絕。

糧市北京的糧店遍布大街小巷。來自北京附近房山、大興等地的糧食運到廣渠門、朝陽門等處，來自西北、東北和山西、河南等地的糧食，到京後存放在西直門和廣安門外糧

棧。經批發市場分售給全市各糧店。批發市場集中在關廂斗局、珠市口、教子衚衕等處。

文物市場清末，經營文物業的同類鋪戶逐漸集中在琉璃廠這條街上，形成古玩街、玉器街、繡花街，以賣金石陶瓷、古今字畫為主的「古玩街」。

### 其五，日益發展的城外市鎮

宋以後，郊區貿易市場有顯著發展。北宋時期，有些城市狹小，居民多住城外。往來於城內外做生意。

〔元七年〕宿州，自唐以來，羅城狹小，居民多在城外。本朝承平百餘年，人戶安堵，不以城小為病。兼諸處似此城小人多，散在城外，謂之草市者甚眾。（蘇軾《東坡全集》卷三十五《乞罷宿州修城狀》）

京城門外草市百姓……多是城裡居民逐利去來。（張禮《遊城南記》）

南宋時期，杭州城郊日益繁榮，屋宇連線，不減城中。沿錢塘江的南郊和運河兩岸的北郊區，形成了 15 個市鎮。

杭州有縣者九，獨錢塘、仁和附郭，名曰赤縣，而赤縣所管鎮市者一十有五……今諸鎮市，蓋因南渡以來，杭為行都二百餘年，戶口蕃盛，商賈買賣者十倍於昔，往來輻湊，非他郡比也。（吳自牧《夢粱錄》卷十三《兩赤縣市鎮》）

元代，北京近郊居民人數眾多，有許多旅館和市鎮。據

《馬可‧波羅遊記》載，北京城近郊範圍廣大，居民人數超過城內。近郊距城約三四里之內的地方，建有許多旅館，供國內外的商人居住和使用。附近還有許多市鎮，這裡的居民常到北京城內買賣貨物。

清代，開封周圍出現了不少市集。如近郊的西關牛馬市、南門雜糧市、宋門棉花市、曹門花線市，遠郊的掃頭集、薄酒店集、杜家寨集等，都是貨物集散中心。天津城外貿易更超過城內。據統計，道光時，天津城內外共有街巷500 條，其中，城內街巷 114 條，約占 23％。在 9 里 13 步的天津城內，分布著 114 條縱橫的街巷，亦稱繁盛，但與城外相比則大為遜色。城外街巷密度明顯大於城裡，僅北門外就有街巷 162 條，超過了城內。且著名的北門外大街、針市街、估衣街、鍋店街、歸賈胡同、金店衚衕、侯家後等商業街。坐落在這裡，形成「津門外第一繁華區」。天津城東北角為南北運河與海河交會處、交通便利，又有近百條街巷（98 條），商貿亦很繁榮。東門外有近 50 條街巷，海河亙其中，運米鹽的船舶聚集於此，一派繁忙景象。北門外大街東側與東門外的宮南、宮北大街匯成一片，房屋林立，相連數里，成為天津繁華商貿中心。西北角為運河糧船北上的必經之地，夏秋間帆檣雲集，貿易活躍。

近郊之外，尚有 15 個集鎮，其中北倉、葛沽、大沽、楊

柳青等已是萬人大鎮。

再向外，則是 330 餘個附郭的農村。

市場由城內向城外擴散，促進了城郊市場的繁榮。市鎮的出現，以及與市鎮和城郊密切聯繫的農村商品貿易的活躍，增大了城市市場的容量。小的市鎮可以發展成為大的城市，大城市又會衍生出衛星市鎮，這就是城市發展的歷史程式。

### 其六，熱鬧的夜市和曉市

宋以後，貿易市場在空間上擴大的同時，貿易時間也延長了。貿易時間不再像過去那樣受到嚴格限制，從宋初開始，弛夜禁，正式開放夜市，可以營業至三更。

太祖乾德三年四月十三日，詔開封府，令京城夜市自三更以來，不得禁止。（《宋會要輯稿，食貨》）從此以後，出現了許多熱鬧的夜市和曉市。

北宋時，開封著名的夜市有以下幾個：

州橋夜市。出朱雀門直至龍津橋，自州橋南去，當街賣水飯、鱉肉、幹脯及各式各樣的食品。每夜營業直至三更。

潘樓東街巷「夜市尤盛」。潘樓東舊曹門街，北山子茶坊，內有仙洞仙橋，仕女往往夜間到這裡遊玩並吃茶。

馬行街夜市燈火輝煌。天下苦蚊子叮咬，開封唯獨馬行街無蚊子。馬行街是都城夜市酒樓極繁盛之地。蚊子惡油，

馬行街人物嘈雜，燈光照天，每晚至四更停止，故蚊子絕跡。上元五夜，馬行街南北幾十里，道路兩邊是藥肆，多國醫，咸鉅富，聲伎非常，燒燈尤壯觀。因此詩人多描寫馬行街燈火。

馬行街北去夜市，街道上車馬闐塞，行人擁擠，停不住腳。夜市直至三更盡，才五更又復開張，如中心區域熱鬧地方，通曉不絕。

一般邊沿和僻靜地區，夜市亦賣餅、豬雜碎、魚蟹以及水果、糰子、湯之類，直到三更，還有提壺賣茶者，因為都城的公私人員，夜深才歸。

每逢正月十五、十六元宵節，八月十五中秋節，觀燈賞月，歌舞百戲，夜市更加繁盛。

曉市。每日交五更，諸寺院行者打鐵牌子，或敲木魚，分赴各個地段，挨門報曉。入市之人聽到這種聲音就起床。各門橋市井已開。瓠羹店門口，坐一小兒，叫「饒骨頭」。間有灌肺及炒肺。酒店多點燈燭賣酒。每份不過二十文錢。並且賣粥飯、點心，有時也賣洗面水，煎點湯茶藥，直到天明。殺豬羊作坊，每人擔挑及用車子推豬羊上市，百十人一起。果木、紙畫集於朱雀門外及州橋西果子行出賣。麵粉用布袋盛裝，用太平車或騾馬馱著，從城門魚貫而入，至天明絡繹不絕。御街州橋至南內前，賣藥和飲食者，吟叫百端。

皇城東南角潘樓酒店下，每日自五更開始，買賣衣物書畫，珍珠玉器等。至平明，賣羊頭、肚肺，赤白腰子、鵪鶉、斑鳩、鴿子、兔子等野味，以及螃蟹、蛤蜊等各種水產品。然後廚師上市，買賣作料等。

十字街上，每天五更點燈交易，買賣衣物、圖畫、花環、領抹之類，至曉即散，叫做「鬼市子」。

杭州也有夜市和早市。其貿易活動，晝夜不絕。杭州夜市所賣者多為飲食、香茶異湯、海鮮、肉食、麵食、水果之類。有的麵食店及食麵店通宵買賣，交曉不絕，公私營幹，夜食於此。茶館生意興隆，三更以後，仍有提瓶賣茶者。冬天，還有擔架子賣茶至深夜的。大街有夜市賣卦人，有叫「時運來時，買田莊，娶老婆」的賣卦者，還有叫「桃花三月放」賣卦的。嚴冬大雪天氣，夜市仍照常。

杭州報曉的鐘聲來自諸山寺觀。每日交四更，各菴舍行者頭陀到指定的地方，打鐵板或敲木魚兒，沿街報曉。若晴，則叫「大色晴明」，或報「大參」，或報「四參」，或說「後殿坐」；若陰，則叫「天色陰晦」；若下雨，則叫「雨」。天天如此，風雨霜雪無阻。店鋪主人聞鐘聲而起，開始賣早點、營業。早市所賣者，多為飲食，如煎白腸、糕粥、羊血粉羹、五味肉粥，以及燒餅、蒸餅之類。還有蔬菜、海鮮品、酒醋、果子等。和寧門外紅權子，早市買賣最盛。宮廷

派人到此收購「飲食珍昧」,「奇細蔬菜」,給宮娥下飯。夏初茄瓜剛下來,每對值十餘貫,達官們爭著購買,不問價錢貴賤。府宅貴家也常到這裡的早市購買酒席菜餚。早市買賣物品甚多,不欲遍記。

元代,北京曾一度禁止夜間活動,夜市當然也隨之取消。據《馬可·波羅遊記》載,北京中央有一個很高的建築物,上懸一口大鐘,每夜按時敲打,在第三次鐘聲之後,無論何人不得在街上行走。遇有緊急事情,如婦女生孩子,男人有病,可以外出,但必須提燈籠。

但這只是暫時逆轉,後來,夜市和早市又恢復,且盛況空前。

明清時,南京晚間燈光明亮。

到晚來,兩邊酒樓上明角燈,每條街上足有數千盞,照耀如同白日,走路人並不帶燈籠。(吳敬梓《儒林外史》第二十四回)

南京每天有許多賣鮮魚的早市。玄武湖內 72 只打魚船,打出的魚,供南京城每天早市出賣。南京還有許多賣花的早市,五色鮮豔,映照市中。

清末,北京亦有夜市和曉市。其中有的夜市和曉市是在鬧市。北京的果子市,每逢瓜果桃梨大量上市時,晝夜不斷收貨,通宵達旦營業。有的是在比較僻靜的地方。德勝門曉

市即是如此。一年四季，不分春夏秋冬，每天日出之前，這裡的貨攤就擺好了，城裡做生意的人，亦聚集到這裡，提著燈籠看貨，交易開始。買賣的舊貨，上至文物古玩、金銀首飾、舊書古畫、木器雜項，下至破衣、舊鞋、碎銅爛鐵，應有盡有。這裡有一個茶館，是古玩玉器等商人與打鼓小販交易的場所。交易方式是明看貨，暗議價，討價還價採用袖裡拉手方式。有時，買主看到某種貨物時問：「亮的開，亮不開？」意即這貨來路明不明。因為可能有來路不明的「俏貨」。所以這裡的曉市又叫「鬼市」。曉市上，買賣舊貨的人摩肩接踵，熱鬧非凡。

北京崇文門外及宣武門外，亦有曉市。

每日晨雞初唱時，設攤者輒林立，名小市，……又名黑市，以其不燃燈燭，憑暗中摸索也。物既合購者之意，可隨意酬值。其物真者少，贗者多，優者少，劣者多，雖雲貿易，實作偽耳。好小利者往往趨就之，稍不經意，率為偽物，所得不償所失也。且也有以數百錢而得貂裘，以數十金而得惡衣者，則以穿窬之輩夜盜夜售，賣者買者，均未詳審其物也。後由有司禁之，遂絕。（徐珂：《清稗類鈔，農商類》）

城市裡，早晚還有沿街叫賣的。北京街頭每天早晨都有許多小販，或挑擔，或提籃，沿街叫賣玉蘭花，茉莉花；晚

上叫賣晚香玉,夜來香,滿城飄香,美化了城市生活。

　　清代,夜市已非常普遍。夜市多是小販在馬路街衢旁擺設攤點,影響市內交通,所以,清末民初,天津擬出整頓路政四條辦法,規定夜市時限,為晚六點至十一點半鐘止。曉市亦很多。

　　〔天津〕估衣街口一帶,向有曉市,每日早晨黎明起至十點鐘以前止,均是肩擔擺攤販賣乾鮮糖豆零物等小民,貿易謀生,歷經年久,貧民是賴……專恃此等曉市養生者為數不少。(《天津商會檔案彙編》)

　　「向有曉市」「專恃此等曉市養生者為數不少」,以及規定夜市時間,均說明曉市和夜市已不是偶發的,而是普遍現象,已成為「日市」的延長和必要的補充。城市市場的貿易時間,早已不是「日中為市」,也不只是日市,而是由日市、夜市和曉市組成的了。

　　不僅大城市,而且鄉鎮亦有曉市。嘉善縣斜塘鎮,「旭日滿晴川,翩翩買家船,千金呈百貨,跬步塞齊肩。布褐解市語,童鳥識偽錢,參差魚網集,華屋競烹鮮」。

# 關市與邊貿

　　關市，泛指設立在交通要道的集市。漢代以後，專指由官府管理，設在西部和北部邊境，與那裡的少數民族進行定期貿易的市場。漢代關市，位於邊關附近，周圍有籬垣、塹溝，並設有關市令等市吏管理，派專人把守市門。市場定期開放，市易之日，雙方將貨物、牲畜集中到市場，先由漢政府官吏與少數民族領袖議定物價，然後開始貿易，故又稱「會市」「交市」「互市」，因稱北方少數民族為「胡」「蕃」，故又稱「胡市」「蕃市」。經官府允准，私商領取憑證，亦可參加貿易。西北地區是中國的重要組成部分。西北少數民族與中原地區的貿易源遠流長。漢代張騫通西域，開闢絲綢之路，設關市，漢族與少數民族間的貿易呈現出繁榮景象。漢魏主要與匈奴、烏桓（烏丸）、鮮卑等西北少數民族貿易。輸出的貨物大多是絲織品，輸入的則為各族的土特產品。

　　夫中國一端之縵，得匈奴累金之物，而損敵國之用。是以騾驢駄駝銜尾入塞，驒騱騵馬盡為我畜，鼠召狐貉採旃文充於內府，而璧玉珊瑚琉璃成為國之寶。是則外國之物內

流，而利不外洩也。異物內流則國用饒，利不外洩則民用給矣。(桓寬《鹽鐵論·力耕》)

漢政府對於兵器、鐵器等物品嚴加管制，不許參加交易，以防少數民族領袖利用這些東西作武器，侵犯其邊境。

關市貿易規模有時頗大。據《後漢書·南匈奴傳》載，元和元年（84），北單于復願與吏人合市，驅牛馬萬餘頭來與漢賈客交易。漢王大人前去歡迎，所在郡縣設宮邸款待。但南單于遣輕型機車，出上郡，劫掠牛馬，驅還入塞，破壞了這次交易。又據《三國志》卷三十，西元 222 年，比能率部落大人小孩，代郡烏丸修武盧等 3,000 餘騎，驅牛馬 7 萬餘口到關市貿易。

關市是獨特的。關市設在什麼地方，什麼時間開市，都是經過精心策劃的，是服從於政治目的。關市是不平靜的，往往伴有政治軍事行動。有時，少數民族首領出兵劫掠貨物。上述南單于掠牛馬之事，是一例。另據《後漢書·烏桓鮮卑傳》載，順帝陽嘉四年（135）冬，烏桓侵犯雲中，遮截道上商賈車牛千餘。漢出兵擊退烏桓。有時，漢朝將領利用關市貿易的機會，設圈套擒殺少數民族領袖。據《三國志·魏書·烏丸鮮卑東夷傳》載，建安十八年（213），梁習·統屬冀州，鮮卑領袖育延率其部落 5,000 餘騎到梁習處，要求互市。梁習暗想，若不答應，恐怕育延怨恨；若答應他帶人馬到州城下，又恐他藉機搶掠，於是乃允許育延往一座

空城中交市。然後，梁率軍前往。市上交易正在進行時，漢官吏把育延領來的一個胡人綁了起來。育延酋人馬皆大驚，上馬彎弓，把梁習重重包圍起來。市上的官民都惶恐不知所措。梁習乃從容不迫地呼喚市吏，問他為什麼將胡人綁起來。市吏說，因為胡人侵犯他人。梁習乃派人叫來育延，責備說：你的人自己犯法，官吏沒有侵犯你，你為何使諸騎驚駭呢？於是把育延斬首。他所部的人都嚇破了膽，不敢動。

由於關市貿易有利於中原地區與沿邊地區，漢族與少數民族的經濟文化交流，有利於生產發展和人民生活水平提高，故在中華民族長期歷史發展中，關市有時雖被迫關閉，官方邊貿中斷，但民間貿易仍存在，且隨後關市又恢復，邊貿仍繼續。兩晉南北朝時期，國家分裂，中原地區商業衰敗，中原與西北少數民族貿易陷入低潮，但並未完全斷絕。

隋唐時，與邊境突厥、吐谷渾、回紇等少數民族的貿易往來，再度繁榮。

與突厥互市。據《舊唐書·劉文靜傳附趙文恰傳》載，唐武德二年（619），與突厥「蕃市牛馬，以資國用」。

與吐谷渾互市。據《舊唐書·王忠嗣傳》載，開元天寶間，朔方節度使王忠嗣每當互市寸，就高估馬價，利誘少數民族前來貿易。各少數民族聽到這個訊息後，競相來關市賣馬。凡來者，王忠嗣即買下，作為漢軍戰馬。

與回紇互市。《舊唐書・回紇傳》載,回紇屢遣使與唐互市,以馬交換繒帛等,每匹馬可換 40 匹綢。回紇往往一次趕來幾萬匹馬。唐朝為購買馬匹需支付大量絲綢,且買馬過多,亦沒有什麼用處,感到苦惱。有時唐政府限制購馬數量。例如大曆八年(773)十一月,回紇派赤心趕馬 1 萬匹來唐出賣,唐代宗只批准買 6,000 匹。

　　隋唐與西北少數民族的貿易主要仍是絲綢與馬牛貿易。唐初曾一度廢棄金銀綾絹等物不得參與關市貿易,不許出邊關的禁令,但開元時,又重嚴關令,禁止錦、綾、羅、縠、綢綿、絹絲、布、犛牛尾、珍珠、金、銀、鐵等與少數民族貿易和輸出邊關以外。

　　宋與 50 多個國家和地區建立了貿易關係。宋與西北地區的党項、回紇等少數民族的貿易頻繁。雙方貿易仍採取互市等方式。宋以茶和絲綢等物品交換少數民族的馬匹及其他土特產品。西北少數民族的貨物沒有什麼變化,仍是馬等畜產,而宋朝的貨物結構則有較大變化,從唐朝開始參與邊貿的茶葉,這時成了主要的貿易商品。這種茶馬貿易在北方游牧民族 ── 蒙古貴族建立的元朝,一度衰落,明朝又得以恢復,並進一步發展,明政府在西北的蘭州、寧夏等地建立剗市,作為雙方貿易場所。清代,由於茶葉產量增加及對於馬匹需要的增長,茶馬貿易更加興盛。

# 蕃坊與蕃市

中國與海外的貿易往來歷史悠久，唐宋時期，與阿拉伯和東南亞等地區的許多國家有貿易關係，東南沿海對外貿易日益繁榮。中國在那裡開闢了廣州、泉州、明州（寧波）、杭州、揚州、江寧等9個與外商貿易的港口（其中以廣州、泉州為最大）。在這些港口，專劃出一塊地方，供來華的外國僑民居住，稱為蕃坊。外商在蕃坊「列肆而市」，這就是蕃市。蕃坊及其蕃市房舍高大壯觀，寬敞明亮，形成一個繁華的「夷夏」（中外）商人貿易區。

關於蕃坊及市的面貌，宋人有如下描述：以貝易物的模擬場景

廣州蕃坊，海外諸國人聚居，置蕃長一人，管勾蕃坊公事，……巾袍履笏如華人也。蕃人有罪，詣廣州鞫（扣居）實，送蕃坊行遣，縛之木梯上，以藤杖撻之，……徒以上罪則廣州決斷。蕃人衣裝與華異，飲食與華同。……但不食豬肉而已。……若魚鱉則不問生死皆食。其人手指皆帶寶石，嵌以金錫，視其貧富，謂之指環子……一環值百金，最上者

號貓兒眼睛，乃玉石也，光焰動灼正如活者，……有摩娑石者，闢藥蟲毒，以為指環，遇毒則吮之立愈，此固可以衛生也。（朱彧《萍州可談》卷二）

由此可知，廣州是外商最集中的地方，蕃坊設立早而典型。蕃坊的總負責人是蕃長，居住在蕃坊的外國人受其管理，並透過他與中國官府打交道。外商還以蕃市為基地，到全中國各地去經商。許多城市中有他們開設的邸店──「波斯邸「，經營銀錢業，併兼營珠寶生意等。也有一些「窮波斯」，賣漿賣餅，做小生意以謀生。蕃坊中還設有「蕃學」，作為來華外商的子弟學習的場所；設有神廟、教堂、寺院等，供外商從事宗教活動。

元代，廣州依然有蕃市。據當時的外國旅遊家記載，廣州是世界大城市之一，市場優美，城中有一段回教徒聚居地，那裡有回教總寺及分寺，有養育院，有市場，即蕃市。

明代，為防止倭寇和西方殖民主義者的騷擾和侵犯，實行海禁，從此，來東南沿海地區經商的外國人甚少，蕃市也隨之消失。

至於明代的澳門葡人「居留地」、清代的廣州「十三行」和「夷館」，以及後來的約開口岸中的外國「租界」，外人「居留地」，雖然也是外國人居住和經商的地方，與蕃坊、蕃市有某些相似，但性質卻根本不同，茲不贅述。

# 宮市

宮市有兩種。

王宮或皇宮中設立的市肆，叫宮市。春秋時，齊桓公宮中有七市。東漢靈帝、南齊東昏侯、唐中宗都在宮中設市。清代，圓明園內設市，有商店。

圓明園是皇帝公主遊玩之處，實與宮殿相同，且在園中做買賣者，皆內監，故這裡的商店市場，可視為宮市。

唐德宗貞元間，宮廷差遣太監到京都廛肆買賣貨物，亦叫做宮市。宦官不持文牒，口含敕命，並派數百人在長安東市和西市以及位於熱鬧地方的店肆，檢視人們所賣物品，看中之後，便口稱自己是宮中之人，賣者即拱手把貨物付與他們，真偽不復可辨，無人敢問他們的來歷，更不敢與他們爭論，討價還價。名為宮市，實是公開掠奪，鬧得市面不安，人心惶惶。下面引兩則關於宮市的記載，以窺其一斑。

貞元以後，京都多中官市物於廛肆，謂之宮市。不持文牒，口含敕命，皆以監估不中用衣服，絹帛雜紅紫之物，倍高其估，尺寸裂以酬價。市之經商，皆匿名深居，陳列廛

閒，唯粗弱苦窳。市後又強驅於禁中，傾車乘，馨輂驢，已而酬以丈尺帛絹，少不甘，毆致血流者。中人之出，雖沽漿賣餅之家，無不徹業塞門，以伺其去。蒼頭女奴，輕車名馬，惴惴衢巷，得免捕為幸。（《唐會要》卷八六）

著名詩人白居易在《賣炭翁》一詩中生動描寫了宮市的掠奪性。

賣炭翁，伐薪燒炭南山中。
滿面塵灰煙火色，兩鬢蒼蒼十指黑。
賣炭得錢何所營，身上衣裳口中食。
可憐身上衣正單，心憂炭賤願天寒。
夜來城外一尺雪，曉駕炭車輾冰轍。
牛困人飢日已高，市南門外泥中歇。
翩翩兩騎來是誰，黃衣使者白衫兒。
手把文書口稱敕，回車叱牛牽向北。
一車炭，千餘斤，宮使驅將惜不得。
半匹紅紗一丈綾，系向牛頭充炭直。

宦者依勢壓價強買民物，有時也激起農民的反抗。

貞元末，以宦者為使，抑買人物……常有農夫，以驢負柴至城賣，遇宦者稱宮市取之，才與絹數尺，又就索門戶，仍邀以驢送至內。農夫涕泣，以所得絹付之，不肯受，曰：須汝驢送柴至內。農夫曰：我有父母妻子，待此然後食，今

以柴與汝，不取直而歸，汝尚不肯，我有死而已，遂毆宦者，街吏擒以聞。(《唐會要》卷八六)

此事發生後，朝廷雖罷免了這個宦官，賜給農夫絹十匹，但仍不聽諫官御史們的勸告，繼續實行宮市。到唐肅宗即位，才明令禁止宮市。

此外，還有官府向民間購物的「官市」，漢及三國時魏和吳國設立的買賣軍用物資的「軍市」，漢代在獄中設立的「獄市」，等等，不及備述。

# 民間貨物貿易

古人云：日中為市，致天下之民，聚天下之貨，交易而退，各得其所。所謂「民」，是對官而言的，包括士、農、工、商在內。但絕大多數是農民和手工業者。而「貨」，包括奢侈品和生產生活必需品。古代早期，奢侈品貿易發達，「奇怪時來，珍異物聚」，但這些珍寶是由大商人販運到城市，賣給達官貴人享用的。糧、鹽、布、鐵、畜，特別是糧食，始終是古代民間貿易的主要貨物，唐宋以後，尤其是明清，更如此。

明清市鎮墟集上，「眾物雜陳」，「諸貨悉備」。而糧、鹽、布、鐵、畜是主要貨物。整個貿易是以糧食為基礎進行的。

其一，賣糧交納稅銀。

明代青州之民，「以糧易錢，以錢易銀」，納稅於官府。古田縣地瘠民貧，歲收米制曲，「易銀完糧」。

其二，以糧易布帛、衣被鞋帽。

清康熙時，黎城縣農民「以粟易衣」。乾隆時，大同

「棉布亦以粟易」。五六斗、乃至八九斗穀值一匹布。

五台縣農民擔穀走數十里，「始易金錢，貿布絮焉」。

安定縣農戶，「每歲出數石粟，始成一件衣」。

中衛縣「布帛所需，俱以粟易」。

興平縣「衣被冠屨，皆取給於外省，而賣穀以易之」。

其三，以粟易鹽魚。

清代，饒平縣石溪頭埠，「海外漁鹽，小舟裝運至此，三饒之民以粟易之，逐日市。」

定遠小民，以米穀「兌鹽而食」。

其四，以糧易器具。

清代，河南盧氏縣，「家居器用，徒資粟易，賒諸坐商」。

廣豐縣鄉民每遇一、四、七圩期，聚集於五都圩，用米麥貿易竹木器物等。

河間縣城常集 5 處，四鄉大集 7 處，小集 27 處，都是米麥農具貿易，不雜他貨。

（飾紋陶罐）

儀封縣市集 12 處，粟布鋤犁貿易，互通有無。

其五，婚喪嫁祭等應酬費用，亦需賣糧米籌集。

乾隆《武威縣誌》記載，鄉民「一切婚嫁喪祭應酬，唯資糧米糶賣以濟用」。宣化地區農戶有婚喪之事，亦藉賣糧。石泉縣農村「慶弔人情之需，俗向取給於包穀所餵之豬」。

種植經濟作物的農民和工匠出賣自己的產品，購買糧食等物品。

無錫農家以紡織為重要副業，春天農家戶戶紡織，「以布易米麵而食」。秋季，一遇雨天，機杼聲又遍村落，「抱布貿米以食矣」。嘉定縣農民種棉織布，「貿易錢米，以資食用。」寶山縣農民，紡棉織布，「抱布易銀……而買食米。」樂亭縣農民，農閒時，「女紡於家，男織於穴，遂為本業。故以易粟，實窮民口之一助。」

「半借木棉，易米為活。」這是臨邑縣的情況。欒城縣最著名的物產是棉花，一到棉花下來時，「晉豫商賈雲集。民竭終歲之力，售其佳者以易粟，而自衣其餘。」

賣煙易米。瑞金山多地少，所產之穀不足供一邑之食，「藉賣煙以易米」。

迄今尚缺乏古代早中期貿易貨物量值的系統資料。對於古代晚期主要商品的量和值，有人作了猜想，並提出了古代市場結構的基本模式。

鴉片戰爭前（清道光年間），中國產糧食商品量 245 億斤，商品值 16,333.3 萬兩，占 42.14％；棉花商品量 255.5 萬擔，商品值 1,277.5 萬兩，占 3.3％；棉布商品量 31,517.7 萬匹，商品值 9,455.3 萬兩，占 24.39％；絲商品量 7.1 萬擔，商品值 1,202.3 萬兩，占 3.1％；絲織品商品量 4.9 萬

擔，商品值 1,455 萬兩，占 3.75％；茶商品量 260.5 萬擔，商品值 3,186.1 萬兩，占 8.22％；鹽商品量 32.2 億斤，商品值 5,852.9 萬兩，占 15.1％，以上合計，商品值 38,762.4 萬兩，為 100％。調整後，以上國產商品流通額及所占比重如下：糧食 13,883.3 萬兩，占 39.71％；棉花 1,085.9 萬兩，占 3.11％；棉布 9,455.3 萬兩，占 27.04％；絲 1,022 萬兩，占 2.92％；絲織品 1,455 萬兩，占 4.16％；茶 2,708.2 萬兩，占 7.75％；鹽 5,352.9 萬兩，占 15.31％，以上合計為 100％。再加入進出口因素，即棉花商品值 1,085.9 萬兩加入淨進口棉花值 302.5 萬兩為 1,388.4 萬兩；絲商品值 1,022 萬；兩減去其淨出口值 225.2 萬兩為 796.8 萬兩；茶商品值 2,708.2 萬兩減去其淨出口值 1,126.1 萬兩為 1,582.1 萬兩。這些商品之間的流通和交換大體是，糧農主要出售糧食，換取布和鹽；棉絲茶等經濟作物的生產者，則要換取布、鹽和部分糧食。

首先是糧與布，其次是糧與鹽的交換。實質上是農民小生產者之間的交換，亦即民伺貿易。結論是，鴉片戰爭前，中國市場結構的基本模式是以糧食為基礎，以布和鹽為主要對象的小生產者之間交換的模式。

對此需略加說明和補充：

第一，糧食是民間貿易的基礎，這在整個古代，大都如此。

第二，僅次於糧食的布，是指棉布。棉花的種植和棉布生產的發展，是在宋元以後，主要是明清。在此以前，鹽是僅次於糧的貿易貨物。「十口之家，十人食鹽」。人人要吃鹽，但鹽不是一般人家和所有地方都能生產的，故貿易量很大。古代許多大商人都是經營鹽起家的。歷代政府都把鹽稅收入作為重要財源，許多朝代還實行鹽的官營，與商人爭利。所有這些都說明鹽在古代貿易中處於舉足輕重的地位。到清代，棉布才代替鹽成為占主導地位的工業品。

　　第三，這裡沒有列鐵及其製品的貿易量、商品值。其原因是到1913年，全國鋼鐵銷售量，包括洋鋼鐵，才約540萬擔。全按土鐵價格計不過880萬兩，其量值較小。鴉片戰爭前，更小。從計量的要求，該書這樣做，是很自然的。但鐵在生產和生活中的重要作用是不容忽視的。《管子·海王》中說：一個婦女必須有一針一刀才能做活，農夫必須有犁鋤才能耕種，修造車輛的工匠必須有斧、鋸、錐、鑿等工具才能工作。而鐵和鐵器也不是一般人家和所有地方都能生產的，必須以農產品，主要是糧食去交換。孟子和許子的門徒在辯論中公認，一個人不可能既耕田又做鐵器等，必須「以粟易之」。漢代出現許多大冶鐵商人，許多朝代設立鐵官，對鐵實行官專賣。明清市集上，鐵器與糧布等同為大宗，也說明鐵器是民間貿易重要商品。

第四，這裡也沒有包括牲畜。但牲畜在農業生產、運輸、貿易和社會生活中都居於重要地位。中國古代農業生產主要動力是牲畜，以牛為主，騾馬驢等為輔。豬羊牛肉等又是重要食品。皮毛是服裝和鞋帽原料。因此，牲畜及其製品的貿易早就發達。史書對此多有記載。弦高販牛於周，是眾所周知的故事。漢政府與西北少數民族的貿易，主要是絲綢與牲畜交易。匈奴的騾、馬、驢、駱駝等大牲畜「銜尾入塞」。直至清代，中原地區與西北少數民族的貿易中，茶馬交易和絹馬交易，始終很活躍。許多大城市乃至京師，都有牲畜交易市場。魏晉南北朝，洛陽有三大市，城東的馬市是其中之一。唐都長安亦有馬市和羊市。宋都開封的馬行街熱鬧非凡。明清，北京有騾馬市、馬市、羊市、豬市，天津有馬市、驢市，蘇州有豬市等。鄉鎮集市上，牲畜貿易更為普遍。鄭板橋詩雲：「驢騾馬牛羊，彙集斯為集。」其貿易量頗為可觀。據有人估算，清乾隆至道光年間，山東全省每年牲畜交易量約在 26 ～ 28 萬頭之間。由牙紀徵收交納的牛驢稅，占山東地方政府徵收的五項雜稅的 15% 左右。經紀人也是首先出現在牲畜交易中，可見牲畜貿易歷史悠久。

　　通觀各種貨物的地位和作用，似可把中國古代民間貿易概括為以糧易鹽、布、鐵、畜的小生產者之間的貿易。糧、鹽、布、鐵、畜是民間主要貿易貨物。

# 長途販運貿易

　　長途販運是古代商人的主要貿易活動。中國地域廣大，自然條件複雜多樣，各地物產不同。山村場院集市隴蜀出產丹漆、旄羽，荊揚出產皮革骨象，江南出產竹箭，燕齊出產魚鹽旃裘，兗豫出產漆絲絺，這些東西都要透過商人的販運才能到達消費者手中，成為「養生送終」之具。若沒有貿易，「各居其處，食其食，則是橘柚不鬻，朐鹵之鹽不出，旃廗不市，而吳唐之材不用也」。

　　商代，長途販運已發展起來。據說，商人的祖先王亥用牛運載貨物，集市上的小販在各部落間進行貿易，有易氏殺死王亥，奪去王亥的牛，雙方發生衝突。後來王亥子上甲微在河伯武力幫助下，打敗有易氏，殺死有易之君綿臣，進一步擴大自己的地盤。商朝建立後，商族人往來於各地經商。在安陽和鄭州出土的商代遺物中，有產於東南的海貝、海蚌，產於西北的綠松石等，這些都是商人從遠方販運來或貢獻來的。

　　春秋時期，販運貨物的商人奔走於各國之間。鄭國商人弦高「販牛於周」，智退秦軍，不受獎賞而「以其徙東夷，

終身不返」。鄭國商人到楚國經商，營救被囚於楚國的大將荀，計劃把荀夾在貨物中間偷運出楚國境。市印未及實行，楚國就放了荀，後來這個商人到晉國做買賣，受到荀熱情款待，但他卻很謙虛地說：「我沒有功勞，不敢接受這樣的禮遇」，又跑到齊國去從事商業活動。孔子的學生子貢是衛國商人，卻在曹魯之間販賣貨物，「家累千金」。范蠡是越國人，官至上將軍，後棄官經商，在交通方便的商貿中心定陶「候時轉物，逐什一之利」，「十九年之中，三致千金」。

春秋戰國時期，這些名見經傳的商人大多是從事販運貿易的。他們使用的運輸工具是車船，販運的多是「輕珠寶玉」等奢侈品，與政界有著廣泛聯繫，持有政府頒發的憑證——「節」透過關卡。有的本身就曾當過大官，其社會地位頗高。他們為了追逐高額利潤，奔走四方，「倍道兼行」，夜以繼日，不遠千里，不怕「關梁之難，盜賊之危」，很有一種商業冒險精神。他們多是大商人，流動性很大，是謂「行商」。

漢代，在西北，滿載絲綢、玻璃、瑪瑙等貨物的駱駝商隊，在漫漫的絲綢之路上跋涉。在東南，販運貨物的船車成群結隊，川流不息。左思的《吳都賦》描寫道：「水浮陸行，方舟結駟，唱棹轉轂，昧旦永日。……商賈駢，衣絺服……輕輿按轡以經隧，樓船舉艫而過肆……乘時射利，財豐鉅萬。」

南北朝時期，國家分裂，商貿困難，但南北經濟聯繫並

未中斷。南北互市，販運貿易，頗為發達。在戰亂時期，人們「競收罕至之珍，遠蓄未名之貨，明珠翠羽，無足而馳，絲文犀，飛不待翼」。商人們把「南金奇貨、弓竿漆蠟」、「羽毛齒革之屬」運到北方，又把北方的馬匹、駱駝、皮毛等販往南方。「販貿往還，相望道路」，一派繁忙。

沿邊少數民族與內地的貿易，往往採取「朝貢」與回賜方式。商人們迎合皇帝心理，冒充貢使，將邊疆地區的珍奇貨物販至內地，向朝廷進貢，以換取皇帝回賜，有時回賜貨物的價值遠遠超過貢品的價值。「蕃貢繼路，商賈交人」，貢獻與貿易並行。西域商人「善市賈」，有時一次販馬千匹至中原，換得中國金銀而歸。

隋唐，國家統一，生產發展，水陸交通開發，運輸工具改進，販運商業更加繁榮。有詩為證：

金陵向西賈客多，船中生長樂風波。

欲發移船近江口，船頭祭神各澆酒。

停杯共說遠行期，入蜀經蠻遠別離。

金多眾中為上客，夜夜算緡眠獨遲。

……

年年逐利西復東，姓名不在縣籍中。

農夫稅多長辛苦，棄業寧為販寶翁。

（張籍《賈客樂》，《張司業詩集》卷一）

元稹在《估客樂》中，更加生動地描述了從事長途販運商人的生活。

　　估客無住者，有利身即行。出門求火伴，入戶辭父兄。父兄相教示，求利莫求名。求名有所避，求利無不營。火伴相勒縛，賣假莫賣誠。交關但交假，本生得失輕。自茲相將去，誓死意不更。一解市頭語，便無鄰里情。鍮石打臂釧，糯米吹項瓔。歸來村中賣，敲作金石聲。村中田舍娘，貴賤不敢爭。所費百錢本，已得十倍贏。顏色轉光淨，飲食亦甘馨。子本頻蓄息，貨販日兼併。求珠駕滄海，採玉上荊衡。北買党項馬，西擒吐蕃鸚。炎州布火浣，蜀地錦織成。越婢脂肉滑，奚僮眉眼明。通算衣食費，不計遠近程。經營天下遍，卻到長安城。城中東西市，聞客次第迎。迎客兼說客，多財為勢傾。客心本明黠，聞語心已驚。先問十常侍，次求百公卿。侯家與主第，點綴無不精。歸來始安坐，富與王者京力。市卒酒肉臭，縣胥家舍成。豈唯絕言語，奔走極使令。大兒販材木，巧識梁棟形。小兒販鹽滷，不入州縣徵。貨郎圖一身偃市利，突若截海鯨。鉤鉅不敢下，下則牙齒橫。生為估客樂，判爾樂一生。爾又生兩子，錢刀何歲平。

　　（《元氏長慶集》卷二十三）

　　宋代是中國古代社會經濟發展的高峰，販運貿易興隆。許多城鎮都是貨物的集散中心。宋都東京，「華夷輻輳，水

陸會通，時向隆平，日增繁盛」。淮浙鉅商貿糧斛，賈萬貨臨之。杭州乃四方之所聚，百貨之所交，物盛人眾，閩商海賈，風帆浪舶，出入於江濤浩渺、煙雲杳靄之間，可謂盛矣。揚州是長途貿易的一箇中心。「自淮南之西，大江之東，南至五嶺蜀漢，十一路百州之遷徙貿易之人，往還皆出揚州之下，舟車日夜灌輸京師者，居天下十之七。」泉州，「蕃貨遠物，異寶珍玩之所淵藪，殊方別域，富商巨賈之所窟宅。」明州，三面臨海，帶江匯湖，居民喜販魚鹽，商船往來，貨物豐溢。財神爺華亭，「蠻商賈舶，交錯於水陸之道」。廣州，海舶貿易，商賈交湊。所產貨物，皆極精好，陸負水載出境。川陝地區的洋州，物產豐富，品目甚眾，四方商賈畢集販運。興元府，「貿遷有無者望利而人」。四方來者，雜處閭裡，天下貨物，陳列於市。公糴私販，輦負不絕。鄂州，「賈船客舫，不可勝計，銜尾不絕者數里」。

　　「江商」乘船縱橫於萬里長江，將四方貨物販運至長江兩岸的城鎮。

　　「海賈」經由「海上絲綢之路」（又稱「香料之路」）將中國的絲綢、瓷器等販運出境，把海外的香料、珠寶等物品輸入中國。

　　商人們還從事茶葉、食鹽、糧草的長途販運。其路線是：先將糧草運至沿邊州郡，然後持政府所發文券，至汴京

換取現錢，或憑券徑到江淮解州等地領取鹽茶，轉運到一定地區出售。

西北沿邊地區的茶馬互市，亦是一種長途販運貿易。

元明清時期，海運路線擴散，由江蘇崇明到天津的北洋航線，延至營口與遼河聯運，南洋航線已達台北和台南。橫貫南北的大運河的全面治理，通行；連結沿海和西部廣大腹地的長江航線的全部開通；東北黑龍江、松花江通行貨運；南方珠江水系，由湖南湘江經桂江、西江到廣州，由江西贛江、沿北江至廣州的航線繼續發展。至清代中葉，內河航線達 5 萬公里以上，沿海航線 1 萬餘公里，已略具近代規模。陸上道路進一步改進。水陸交通的大規模開發為長距離販運貿易的發展創造了更有利的條件。

明代，商人活躍在全國各地。「滇南車馬，縱貫遼陽，嶺徼宦商，衡遊薊北。」張瀚在《松窗夢語》中大體勾畫出當時商人貿易活動的路線和主要商業城市：北京，四方財貨駢集，蓄積為天下饒。天津是南北舟車聚集之處。河間、保定是商賈往來的通衢。河南開封，商賈樂聚。陝西西安，自昔多賈。明代，商人「皆聚於沂、雍以東，至河華沃野千里間，而三原為最。」山西以太原為省會，而平原為富饒。蒲坂一州，富庶尤甚，商賈爭趨。成都是巴蜀的都會，綿、敘、重、夔，唇齒相依，「利在東南，以所多易所鮮」。濟

南、兗、青、德州、臨青、濟寧都是交通要道，商貿中心。
江南，荊楚當其上游，武昌為都會。郢襄之民「多行賈四
方，四方之賈亦雲集焉」。沿大江而下為金陵，「五方輻輳，
萬國灌輸，……衣履天下，南北商賈爭赴」。錢莊自金陵而
下，蘇、松、常之民，利魚稻之饒，極人工之巧。廬、鳳以
北的淮、揚，系產鹽之地，「煮海之賈操鉅萬貲，以奔走其
間，其利甚巨」。自安、太至宣、徽，「其民多仰機利，捨
本逐末，唱棹轉轂，以遊帝王之所都，而握其奇贏，休、歙
尤夥，故賈人幾遍天下」。浙江杭州是一都會，米由北方運
來，柴由南方供給，本地所產之繭絲綿苧，輸出到四方。
「雖秦晉燕周大賈，不遠數千里而求羅綺繒帛者，必走浙之
東也。」寧、紹、溫、台，並海而南，跨引汀漳，「估客往
來，人獲其利」。江西南昌為都會，其民多挾技藝，以經營
四方，至老死不歸。「九江據上流，人趨市利；南、饒、廣
信，……多行賈。」贛南谷林深處，乃商賈人粵之要區。福
州、建寧、福寧，民「多賈治生」。廣州是一大都會，高、
廉、雷、瓊瀕海，「諸夷往來其間，志在貿易」。廣西桂林亦
一都會，南寧、太平、蒼梧，雄鎮一方，「多珠璣、犀齒、玳
瑁、金翠，皆自諸夷航海而至」。滇南「賈恆集，以丹砂、
朱汞、金碧、珍貝之所產也」。貴陽「商賈萬里來投」。

　　這一時期，南北貨運發達。明人李鼎說：「燕趙、秦

晉、齊梁、江淮之貨，日夜商販而南；蠻海、閩廣、豫章、南楚、甌越、新安之貨，日夜商販而北。」其貨物販運路線，主要有三條：

其一，以大運河為主的南北內河航運路線。大運河及其兩岸，「商民攢集」，「商賈肩相摩」，「南北商賈，長安西市圖舟車百貨，輻輳並至」，「商旅往來，日夜無休」。

其二，以上海為中點的南北洋航線。出入於上海的閩、粵、浙、齊、遼及外國船舶，「舳艫尾銜，帆檣如櫛」。往來於上海與東北的北洋航線的大小沙船，每年多達三千五六百艘，沙船販運東北的豆麥油南來，供給上海和江南其他地方需要；載運南方的土布、棉花、茶葉、瓷器等物北往，至遼東銷售。據猜想，沙船的南北貨運量約有 120 萬噸。航行於上海和閩粵間南洋航線上的大小船隻，滿載貨物，乘風破浪前進。粵商從汕頭，閩商從臺灣用「樓船千百」運糖等物到上海，售賣後，收購棉花等貨載回。

其三，對外貿易。鄭和下西洋是中國對外貿易史上的一件大事。明朝太監鄭和於永樂三年（1405）奉命率 2 萬餘人的船隊前往亞非各國，共七次，持續近 30 年，最遠到達非洲東海岸的麻林（今肯亞的蒙巴薩港），擴大和加強了中外經濟貿易和文化往來，因多有著述，茲不贅。後來，由於倭寇和西方殖民主義的侵犯和掠奪，明清雖曾實行海禁，但

私人海上貿易並未斷絕。明成化、弘治間，福建的「豪門巨室，間有乘鉅艦，貿易海外者」。嘉靖年間，「漳閩之人，與番舶夷商貿販方物，往來絡繹於海上」。海禁放寬後，「五方之賈，熙熙水國」，分東西兩路，捆載珍奇到海外貿易，每歲所貿金錢數十萬。海禁廢除後，富商大賈前往菲律賓等所謂東洋貿易的人很多。明萬曆年間每年前往馬尼拉的商船一般在 20 ～ 30 隻，多時可達 50 隻。終明之世，通倭之禁雖甚嚴，但從事對日貿易的商人仍不少。「今吳之蘇、松，浙之寧、紹、溫、台，閩之福、興、泉、漳，廣之惠、潮、瓊崖，駔儈之徒，冒險射利，視海如陸，視日本如臨室耳，往來貿易，彼此無間。」（謝肇淛《五雜俎》卷四）這些商人每年四五月間駕駛船隻，冒稱去某港捕魚或糴糧，「徑從大洋入倭」，販運貨物。

銀票以長江為主的東西貿易有長足進展。清代，川江航線進一步開發。長江航線全部開通。下游的金陵五方輻輳，「南北商賈爭赴」。中游的武昌，四方之賈雲集。上游的重慶，貿易繁榮。長江航線是鹽、棉、布、洋廣雜貨與米、木交流的主渠道。兩淮食鹽經由長江及其支流，運銷湘、鄂、贛、皖，川鹽也從長江上游而下濟楚。安徽、江西、湖南、湖北等地的糧食等貨則作為回頭貨，反向運銷江浙等地。

長途販運貨物，唐宋以前，是以奢侈品、名優土特產品

等為主，以後，尤其是明清，是以糧、布、鹽等生活必需品為主。據猜想，明後期，長距離販運的商品糧約 1,000 萬石，到清代中葉，增至約 3,000 萬石，按每石 150 斤計，合 45 億斤，占糧食商品總量 208.25 億斤的 21.6%。另外，有人猜想，乾隆時期全國糧食運輸量至少在 8,500 萬石以上。長距離運銷的棉布每年有 4,500 萬匹左右，約占棉布商品總量 31,517.7 萬匹的 15% 左右。鹽的商品量約 32.2 億斤，除少數在附近地區銷售外，大部為長途運銷。如在東北，鹽從營口經公主嶺運到盤石，行程共計 1,245 里。由營口運到長春鹽倉，行程 1,010 里，再分發到新城分局又需走 360 里，商人家譜共計 1,370 里。鹽從營口裝船運到海參崴，行程 2,000 里，再轉運到濱江分局，行程 1,590 里，共計 3,590 餘里。在西北，鹽從擦漢池運至中衛局需走 820 里，轉運到白河，共計 3,570 里；轉運到平利共計行程 3,520 里；轉運到洵陽，共計 3,460 里。雲南井鹽最遠銷場距鹽井 1,000 餘里。淮北海鹽運到十二圩行程約 2,000 里，由十二圩轉運至湖南長沙行程 2,470 里，共計 4,470 里；轉運到岳州，行程 2,110 里，共計 4,110 里。

# 商團

隨著商品經濟的發展和商人社會地位的提高，相應地商人的社會活動也日益活躍起來，商人們在社會上經常拋頭露面，成為社會活動最為積極的參與者，有時甚至是組織者。

談到商人的社會活動，也就是商人的社會生活，主要的是從兩個方面反映出來，一是商人們組織的社會團體，二是商人們參與社會公益事業。

商人們的團體即社會組織，主要的是由於商務的關係或地域的關係而形成的，其形成和發展也有其自身的過程和規律，經歷了一個不斷壯大、逐步完善的過程。

## 最初的行業組合——「行」

最早的商人組織還處於一種朦朧的、主要的是便於官方管理的狀態中，並非是商人自發或有著明確業務目的而組織的。

最早的組織，我們所見到的史料記載，就是唐宋時期出現的「行」。這種「行」還不只包括商人，還包括手工業者在內；但它又不是商人和手工業者的組織，而是由商人和手

商團

工業者所開設的店鋪的組織。

前面曾提到了在各個都市裡，商業區域都是有著一定的界限、被官方所指定的，這種專門從事商業的區域叫做「市」。到唐朝的時候，在商業區內的商肆店鋪，根據它自己經營行業的種類，同類的商肆店鋪集中在一起，這種集中在一起的同類商店就叫做「行」。因此，在各個都市中的市，就是由許多的行所組成的。

那麼同類商店為什麼集中在一起，又是如何集中在一起的呢？原因很簡單，主要的是官方以行政命令的方式進行組織的，目的是為了便於官方的管理，其所謂的管理，實際上就是官方如何更好地、更有效地向從事工商業的人們徵斂稅收、攤派雜役。

在行內開設店鋪的同業商店，自己也形成了一種組織，它的組織也稱為行。屬於這種組織的商人就叫做行人、行商、行戶等等。每行業中都設為首長，稱為行頭、行首或行老。這種人是同業商店區街的首長，同時也是它的組織的首長。

這時期形成的行，還不能認為它是工商業者保護自身利益的組織，而是官府對工商業者進行統治和徵斂的工具。那些所謂的行頭等人實際上代表著官府的利益，相當於為官府在市場上掌握政令的一種職官。到了宋朝，這種情況就非常

的明顯了。《都城勝記‧諸行》中明確記載說：「市肆謂之行者，因官府科索而得此名」。行頭的主要職責就是在本行業內幫助地方官進行統治，史料也有明確的記載：「司縣到任，體察奸細盜賊陰私謀害不明公事，密問三姑六婆，茶房、酒肆、妓館、食店、櫃坊、馬牙、解庫、銀鋪、旅店，各立行老（即行頭）察知物色名目，多必得情，密切告報，無不知也」。可見，行頭、行老等充當的是官府的耳目。

儘管是這樣，「行」具有著明顯的官方組織的性質，但我們也應該認識到，「行」的產生確實是在城市工商業發展的基礎之上的，沒有工商業者的增加及其經濟實力的強大，政府是不會將其組織起來並對其徵納稅收的。而且，我們還應該看到，「行」雖然帶有官方組織的性質，但它本身為同業工商業者提供了活動的形式，同時它也多多少少起著維護同業工商業者利益的作用。比如《夢粱錄》卷十九《社會條》中提到，在神的誕生之日，諸行要一起獻祭品、行祭禮，如七寶行獻匕寶的玩具，青果行獻時果，魚兒活行獻各種的龜魚等，表明各行互相協力，同祭神佛；再如行在維護各自利益方面也有表現，如各行組織在一條街上，其本身就帶有商業獨占的性質，絹的商業由絹行的商人獨占，金銀的商業由金銀行的商人獨占，特別是宋朝以後「市」的制度被廢除，商業獨占某個區街的形式被打亂，各行所經營商品的

權利受到了威脅，這時「行」作為維護本行商人經營獨占商品的作用更為突出，你如果要經營某一個行的商品，就必須首先要加入那個行，否則你就沒有經營其商品的權力和資格。那麼行頭、行老也不僅僅只是代表著官方的利益，為官方進行徵索活動，他也從事一些與經營有關的活動，比如，各行發貨給各鋪戶的時候，商品的價格就是由行頭、行老來確定，可見行也參與商業經營活動。

### 商人的業務組合 ──「幫」

唐宋時期出現的行，是帶有極鮮明的官方性質的組織，隨著商業活動的不斷擴散；行已經不能適應商業發展的需要了，商人勢力的不斷擴大，也再不能忍受行的限制了，所以到了明清時期，行已經不是工商業者的主要組織形式了。他們根據自己商業活動的需要，透過各種關係，組合成有一定業務聯繫的組織，比較普遍的形式就是「幫」，也稱「商幫」。

「幫」主要是因地域關係而組成的，也有因業務關係而組成的。比如山西商人長途販運，流動於江河湖海的有「船糧幫」，行走於沙漠險路的有「駱駝幫」，還有車載馬馱的「車幫」、「馬幫」等等；幫在坐賈中就更多了，比如在一些商業繁興的都市裡，商人們差不多都有自己的幫，如川幫、廣幫、寧波幫等等。都市裡的商幫一般是按籍貫組織的，也

有按經營商品專長與特點組織的，如江南的幫多半經營魚、鹽；江北的幫大多經營鹽、絲；河南的幫大多經營藥材等。《清稗類鈔》上說：「客商之攜貨執行者，咸以同鄉或同業之關係，結成團體，俗稱客幫，有京幫、津幫、陝幫、山東幫、山西幫、寧幫、紹幫、廣幫、川幫等稱。」這種因各種關係而結成的幫，和我們前面提到的地方商團是有區別的。地方商團是一個大的概念，沒有具體的組織形式，而包括的範圍是很廣的，凡是出身於那個地方的，都屬於那個商團。而幫則包含的範圍比較小，雖然有「山西幫」、「川幫」這樣大的稱謂，實際上在某個地方、某個城市，有一些原籍為某個地方的，就叫做某幫，幫是具體的，專門指集中在一起從事商業活動的一些人。比如清代的時候，在北京，山西商人開設有 20 餘家的票號（相當於後世的銀行），當地人統稱他們為山西幫，但是實際存在著的只有三個幫。即祁縣幫、太谷幫、平遙幫，三幫各開票號分別為 6 家、5 家和 10 家。各幫自己內部業務互有聯繫和交往，各自的業務也不盡相同，比如從存款方面來說，平遙幫的存款利息一般為三厘，祁縣幫則一般為三至四厘，甚至四厘半；從放款方面來看，平遙幫放款多為六厘，最多為七厘，而祁縣幫一般的為七八厘，最多為一分。可見幫與幫之間，業務有別，各不相同。因此而形成的幫，代表著本幫各商人的利益，不愧為本幫商人共

同活動的一個組織和團體。

　　他們以幫為單位共同活動，在某個經營地點可以反映出來，有時他們外出或搞長途的商品運銷，也是以幫為單位的。山西商人是以搞販運商業而著稱的，他們長途販運便結幫而行，有所謂的「車幫」、「駱駝幫」等。「晉中行商，運貨往來關外諸地，往往結為車幫」。

　　跑北路邊疆地區，常常使用的交通工具是駱駝，故稱為「駱駝幫」。當然這種結幫而行，有的是暫時的結合，但行至某處，必然在業務上也互有幫助和聯繫，成為最終形成當地一個商幫的基礎。

## 商人的地緣組織 —— 會館

　　明清時期商人的社會勢力在各個社會階層中已明顯地突出出來，最集中的表現就是他們開始有了屬於自己的正式團體 —— 會館。

　　會館是由流寓客地的同鄉人所建立的專供同鄉人集會、寄寓的場所。會館的出現是很早的，但不叫會館，也不是由商人組建的。其發生與科舉制度有很大關係。

　　科舉是中國封建社會選拔文武官吏的一種制度。隋煬帝時開始設立進士科，唐代於進士科外，復置秀才、明法、明書、明算諸科。到明清時，科舉考試制度更為嚴密和完備，每逢「大比之年」，便有各地文武舉子進省城或京城應試。

另外，還有大批的商人也來到省城和京城做生意。這些人遠行來到省城，到京城路途則更遠，一般的人所帶盤纏是有限的，在省城、京城投宿「雖一榻之屋，賃金卻不下數十楮」。好一些的住宿，價錢則更高，赴考投宿者們大多是拿不出這筆開支的。就是那些做生意的商人們，也多是付不起昂貴的房租，於是經濟上的原因和鄉土觀念，促使舉子和商人們期望能有一個憑藉鄉誼且能相互照應的理想住處。於是就有人開始著手建立能供同鄉居住、休息場所的事宜。明朝嘉靖年間，在北京就開始出現了專供外地人居住、聚集的場所，人們稱之為「會館」。後來這樣的會館不斷出現，到了明朝萬曆年間，在北京就出現了「其鄉各有會館」的情況。據統計，在整個明朝，北京有會館將近 50 家之多。

清王朝建立之後，統治者仍積極推行科舉制度，考試的科目和次數都有增加，參加考試的人也越來越多，於是會館也跟著多了起來。據清朝人吳長元《宸垣識略》記載，從清朝入關至乾隆年間，北京的會館就發展到了 180 多處。到光緒年間，就又發展到了將近 400 所，幾乎全國各地在北京都建立了自己的會館。有的一個縣就建立了好幾所。

據統計，到民國時期北京尚存有各地會館的情況是這樣的：直隸（今河北省）12 所，山東 8 所，山西 35 所，河南 13 所，江蘇 26 所，安徽 24 所，江西 65 所，浙江 34 所，福

建 23 所，湖北 24 所，湖南 18 所；陝甘 26 所，四川 14 所，廣東 32 所，廣西 7 所，雲南 9 所，貴州 7 所，綏遠 2 所，奉天 1 所，吉林 2 所，新疆 1 所，臺灣 1 所。因清政府有滿人居內城、漢人居外城和內城禁止喧囂等規定，所以原來在內城的會館逐漸廢除，而南城正陽、崇文、宣武三門一帶的商業繁華區則成為會館最集中的地方。

除北京之外，其他的一些城市也都建有多少不等的會館，例如仕商輻輳的大都會之一的蘇州，在明朝萬曆年間就有了會館，後來發展到了 90 多所。到清末，廣州、重慶、上海、漢口、天津等地都建有會館。

會館的建立主要是出於維護同鄉人利益的，其發起人也不只是商人，其活動的內容也不只限於商務，當然因會館性質不同其作用也不一樣。關於會館的建立和發起認有如下幾種情況：

純屬商人發起組建的。這類會館是商人為了保護本地或本行業商貿利益而建立的。就北京地區來說，早期的會館都是為赴京投考的人所建，發起人一般的是在京任職的官僚集資為其家鄉人所建，與商人本身的利益關係不大，後來，特別是到了清朝，有相當一部分會館就是由商人發起並出資興建的了。北京之外的其他城市，由於興建會館的時期都比較晚，一開始就是由商人創辦。

商人創辦會館的動機，在現存的一些會館碑刻中說的是很明確的：

　　「會館之建，非第春秋伏臘，為旅人聯樽酒之歡，敘敬梓恭桑之誼，相與「會館之設，所以聯鄉情，敦信義。」

　　「會館之設，所以展成奠價，聯同鄉之宜，以迓神庥也。」

　　「建設會館，所以便往還而通貿易，或貨存於斯，或客棲於斯，誠為集商經營交易時不可缺之所。」

　　歸納起來說，建立會館就是使同鄉之人在外做生意有可居住的地方，同時同鄉之人聚集在一起，聯繫感情、增進友誼，更好地團結協助，共同經商。常言說：「人情聚則財亦聚，」建會館的最終目的還是為做好生意服務的。

　　這類會館建立之後，商人們就以此為活動的場所，無論大小事情都到會館裡來做，當然主要的還是進行與業務有關的活動，比如議論商情，討論物價及貯存貨物等等。清朝在天津成立的山西會館，是地方上有名的大會館之一。這個會館是由山西的「十三幫四十八家」鉅商組建的。十三幫包括有鹽、布、票、鐵、銻、錫、茶、皮貨、帳、顏料、當行、銀號、雜貨。他們每年有定期的團拜聚餐，各幫按月有小的聚會，在聚會中進行商務活動，這已成為慣例。

　　官僚政客與商人共同發起組建的。這類會館為數較少，

它不僅為商人服務，也為官僚士大夫服務。例如在蘇州的江西會館，由江西的官商於清嘉慶年間合建，在《重修江西會館碑記》中這樣寫道：「我鄉官於斯，客於斯者，咸捐資斧，踴躍相從」。其中商人捐資的，包括江西的麻貨商、紙貨商、炭貨商、漆器商、磁器商、煙商、布商等商人。清末在天津建立的雲貴會館，就是由陳夔龍（直隸總督、北洋大臣）、蔡述堂（大商人）和曹家祥（袁世凱時辦警察）等發起組建，每逢新年在總督衙門舉行團拜，有時多達四五百人，皆為陳的屬員及府、道、縣等同鄉。

由官僚政客發起組建的。這類會館與商務沒有太多的關係，但也有本地商人參加。所建的時期也大都在清末民初。如天津的山東會館是由軍閥靳雲鵬（段琪瑞執政時的國務總理）、孫傳芳、董政國、王占元等發起組建；江蘇會館是由大官僚盛宣懷、御史吳大澄等發起組建；安徽會館是由楊士驤（直隸總督）、袁大化（軍閥）發起組建；浙江會館是由嚴信厚（鹽運史）、張振起（鐵路總辦）發起組建；廣東會館是由唐紹儀（鹽運使）、梁如浩（海關監督）發起組建，等等。他們發起組織會館時，都是以聯繫鄉誼、共謀同鄉福利為號召，實際上是為了籠絡同鄉，建立自己的集團勢力，會館實際上成了他們從事政治活動的舞台。因此，在這類會館中，政治空氣比較濃厚。

各會館吸收會員當然是以同鄉為主，入會的同鄉要經過登記入冊，並按時交納會費，便有了會員的資格，也有的會館不交納會費，凡是同鄉都可成為會館一員。

會館的管理制度有以下三種：一是值年制，即由董事輪流負責管理每人一年，叫值年；二是共管制，即因地域不同，如同是一省，但不同州縣，這樣便由各方派出相等人數共同管理；三是董事制，即規定出董事名額，按分配制度，如商界若干名、政界若干名、洋行若干名等，然後經過會員選舉產生。

會館除了商人們聚集聯繫、商討業務之外平時最主要的活動就是搞一些公益事業，也就是說絕大部分會館，幾乎都把辦理善舉、對同鄉實行救濟、妥善安排生老病死，作為頭等大事。所以各會館剛一建立便訂立公益、救濟等一系列章程和制度，如對同仁貧困者規定：「年老無依者，酌量周助，遇有病故，助給棺殮費。無人搬柩者，代為安葬。其經費由同業捐資，並不在外募派」；商人外出經商，有的子弟隨同而來，為了讓這些人受到教育，會館還設立有義塾、學校，其經費也由同鄉捐助。

會館由商人舉辦，當然經費來源是不成問題的，所以一般的會館其建築規模和形式在當地來說都是很講究的。當然會館因其經濟實力不同，其規模也大小不一，一般的來說，大的有三四層院落，其中有紀念祖先的鄉賢祠、有吟詩作賦

的文聚堂，有迎客宴賓的思敬堂，還有進行喜慶活動的大戲台，以及花園、山石、水池、亭榭等；小的會館也有十幾間、幾十間房屋。會館內配有各式各樣的木質家具和一些日常生活用品、用具。

會館是商人們所建立的地域性的組織，是商人活動的場所，其主要的職能就是聯誼並舉辦一些為同鄉服務的公益事業。根據我們前面敘述的情況，就會館的性質可以歸納為下列幾點：

一是地域性。會館是由同鄉商人所組建，其成員當然是吸收同鄉人，形成了一個以同鄉為主的地域性很強的組織。這樣做便於同鄉人的團結，保持同鄉人在外經商的利益；

二是商業性。會館的出現，其主要原因之一就是因為商業的發達。各地經商者的增加，商業活動在不斷擴大，到外地經商的越來越多，因此要求建立自己的組織和固定的活動場所是很自然的。會館一旦建立，商人們便立刻響應加入，使自己有了一個居住、存貨、商討業務、議定商價等的地方。所以，不管建立會館的初衷是什麼，最終都使其表現出了商業的性質；

三是封建性。主要表現在各個會館都有自己崇拜的偶像和保護神，供奉著各式各樣的神靈。他們所祭祀的神像，有的是本行業的祖師；有的是本鄉本土的先賢。如土木商供奉

魯班、醫藥商供奉三皇（伏羲、神農、有熊），搞海上運輸的供奉無後娘娘等等。

四是政治色彩也很濃厚。有些會館雖有商人參加，但是由官僚政客所組建的。商人參加是以同鄉的身分，而不是出於業務上的需要。有些會館是由商人發起組建的，但是後來尤其近代加入了一些有聲望的官僚，很快地會館的活動為其所把持。如軍閥孫傳芳、黃政國，政客南桂馨、靳雲鵬等，都曾是天津一些會館的主要人物。

會館也曾有不少的名人居住或曾經活動過。明朝名相張居正，其故室是全楚會館；清初學者朱彝尊，其所寫北京史專著《日下舊聞》就是在北京順德會館內的古藤書屋編纂的；近代史上的著名詩人和思想家龔自珍，其故居在北京宣外上斜街番邑會館；清末戊戌變法的主要人物梁啟超，18歲入京赴春闈，住在北京永光寺西街的廣東新會新館；民國元年，孫中山先生北上途中抵津蒞臨廣東會館並登大戲台演講，至京後，則憩息於宣外珠巢街的香山會館；魯迅先生到北京時，曾在南半截衚衕的紹興縣館內居住長達10年之久，他的《狂人日記》等作品，就是在這裡寫成的。

由於會館是地域性的組織，其人員複雜，業務不一，什麼樣的活動只要是同鄉進行的就有可能在會館裡進行。所以會館還不是商人最理想的活動場所和純屬於自己的組織。

## 商人的業緣組織 —— 公所

前面提到會館主要職能是聯誼。隨著業務的發展，商人們已不滿足於同鄉之間的聚會了，而是從商貿業務的角度來謀求發展，於是出現了打破地域界限，以相同的行業組織在一起的團體，這就是公所。

公所的出現大約在清朝的中期。它的出現是以兩種組織為基礎的，一個就是前面提到的會館，比較明顯的就是清朝乾隆年間之後，大批的會館轉化為公所；再一個就是「行」，前面敘述了行是在唐宋時期產生、發展起來的，到明清時期行仍然存在。我們說行是一種由官方對工商業者實行有效管理的組織形式，比如明朝從永樂時期開始，就一直對行戶戶籍實行十分嚴格的管理，規定每 10 年對行戶戶籍清審一次，嘉靖以後改為 5 年清審一次，其目的是「遇各衙門有大典禮，則按籍給直役使」，這種役使稱為當行或當官。直到清朝的末年，行戶當行或當官的情況是一直存在的。那麼到了清朝的時候，公所大量的出現，一些行也紛紛組建自己的公所，行本身就是以行業為特徵組成的，因此與同業組織公所有相通之處，行組織公所是很自然的事情。

公所的出現有深刻的歷史背景。清朝中葉，商品經濟發展到了它的鼎盛時期，生產力提高，社會分工進一步發展，商品量增加，市場逐步擴大，特別是在城市裡出現了空前的

繁榮盛況，其商業活動異常活躍，商人之間的業務交往也更加頻繁。在這種情況下，會館等作為同鄉的地域性組織，因其活動範圍和能力受到限制，而不能適應和滿足當時商人們各方面的需要了；而且狹隘的地域觀念和濃厚的封建色彩及被官僚政客所控制的情景，極大地限制了工商業的自由發展，於是擺脫種種束縛，按行業組織自己的團體的要求提了出來，所以這時期大批公所紛紛出現。據統計，截止清末，各地都有公所建立，尤以蘇州、上海為最多，蘇州約有 144 所，上海有 66 所。在名稱上，公所大都是以行業命名的，如木業公所、紙業公所、蠟燭業公所等等。也有以地區命名的，實際上也是同業的組織，如蘇州的江鎮公所，是剃頭業組織；七襄公所，是絲綢業組織等。

由於公所是以行業為基礎組建的，行業一般劃分是很細的，所以公所一般也以具體的行業專業為主而建立，不像會館籠而統之地包括一個地區任何專業的商人或包括一個大行業下所有的商人，比如蘇州有個武安會館，它是以該籍的所有綢緞商為主組建的。而公所建立的就多了，有綢業、錦緞業、湖縐業、織絨業、繡業、絲業、染絲業等 10 多個公所。可見其組織劃分的更細、專業化更強。

就職能來說，和會館就大不一樣了。雖然會館的一些職能，在公所裡也可見到，如舉行祭神活動、興辦義舉和公益

事業、開展康樂活動等，但公所最重要的職能已經轉化到業務方面來了，因為它是同業組織，其所以組合在一起就是因為開展業務的需要。因此研究商務，開展商務活動是公所最重要的職能。

這時期的公所，在管理上是非常嚴格的，各種規章制度也比較健全，最突出的就是各所都訂有「行規」。下引一件公所的章程，可見其主要職能的大概及其對各個方面所作的具體規定。

銀樓業安懷公所議定簡章十則：

一、此次之所以修復公所者，誠欲聯群情，結團體，互啟新知，勿私小利，使吾業於商戰界上，占進步而操勝算也，凡吾同業，在長元吳境內開張貿易，務宜一體聯繫，恪守定親，以圖公益；

二、銀串漲落，統歸一致，隨時憑眾，酌定平價，由公所派單布告，不得歧異；

三、興利之道，先事革弊，如有以低貨假冒，或影射他家牌號，混蒙銷售易兌者，最足誣壞名譽，擾害營謀，一經查悉，輕則酌罰，重則稟官請究；

四、公所常年經費，公議由各號量力自認，按月收收，一切開支分四季報銷，以昭信實；

五、如遇來歷不明之物，至各號兌換銀錢貨物，一時失

察，誤與交易，迨後案發吊贓，原物尚在，照典當成例，備價取贖；

六、如有新創鋪號，須酌量成本，捐助公所經費；

七、櫃作夥友，或有方欠，以及他項糾葛，因而藉端自歇，非將前項情事理楚後，首不得僱用，若情節輕重者，公議出業，或稟官請究；

八、櫃作夥友如有私取貨料，至他家兌換者，宜互相糾察，亦不得貪圖便宜，隨手收買；

九、將來經費敷餘，首宜籌備各項善舉，暨普通小學堂，教授同業子弟，次第舉行；

十、所擬各條，均係公決，暫行章程，如有增改，仍宜由眾公定。

各公所訂立的行規，包括劃一業務規範、統一貨價、統一工價、限制開業、限制收徒等等，其目的就是要限制額外利潤，防止行業內外的競爭。因此就性質來說，公所已具備了行會的特徵。

由於中國封建社會的特殊性，商人在累積了大量的商業資本之後，便不能把資本投入到工業等生產領域中去，閒置的資本一方面流向經營土地的領域中去，即商人購買土地，兼有了地主的身分。這種情況在整個的古代封建社會都一直存在，而且在商人們看來「以末致富，以本守之」即發了

財去購置土地，以土地的形式儲存其財富是最可靠的，因此大量的商業資本轉化為土地資本了。另一方面，還有相當一部分資本沒有投放到土地方面去，而是投向了其他非生產領域，比較多的就是我們下面所要提到的，商人們以他們的錢財興辦了一些公益事業，搞一些義舉活動。

商人們歷來是被人們所歧視的，政治地位是低下的，他們所缺的就是社會對他們的認可。一旦有了大量的物質財富，有了相當的經濟地位，在政治和社會地位上也要爭得一席之地，是可以理解的。當然商人的動機是從自身利益考慮的，但社會效果是好的，客觀上促進了民間公益事業的發展，彌補了政府在這方面投資的不足。

商人們參與社會活動的種種行為，在早期封建社會裡有關這方面的情況記載的不多，大量的社會活動情況，特別是興辦公益、實施義舉的行為在宋元之後才開始多了起來，特別是在明清時期，因為這時期商人無論從哪個角度看都發展到了前所未有的程度。

第一，修路、築橋、興水利。

這些活動主要的是在商人的家鄉進行，也有居住在外地的商人，出資在當地興辦公益的。

修道路、建橋梁、興水利，史料記載商人在這方面的行為很多，特別是徽商和晉商，因為他們資本雄厚，辦這些事

業就更多一些。就徽商來說，差不多稍有實力的大商人都在本地有義舉行為，比如遇有天災，糧食減產，他們就拿領薪水米進行賑濟；一些人鰥寡孤獨，無依無靠，他們就予以錢物接濟等等，特別是本宗族內出現這種情況，商人們是作為義不容辭的責任來承擔的。當然商人們有其自身的利益和目的。

在很多地方人們都是聚族而居的，其聚居的規律大小不同，一般的說南方的規模比較大，北方比較小，大的有萬餘家，小的也有數百家、幾十家，至今在很多農村仍保留著這種情況。商人們在家鄉搞公益事業，在相當程度上也是為本宗族做好事，有的也是出於為本宗族的利益著想。雖然如此，宗族也是構成社會的一部分，特別是大的宗族，幾個村甚至一個縣、幾個縣聚族而居，它本身就構成了一個小社會，因此商人們在這個範圍內施行義舉，也不失其積極的社會效果。

商人們用錢財修路築橋，在很多的材料中都記載著被修築的路、橋以出資商人命名的情況，茲舉幾例：

徽州休寧縣一位叫汪五就的商人，小時貧困，後來經商發了財，他的家鄉有二里長的土堤，有些坍塌，他便出資建了牢固的石堤。鄉親們便為他樹碑立祠，稱這段堤壩為「五就公堤」。

巖寺一商人叫佘文義，為了便利行人，捐資 4,000 金，在巖鎮水口修建了一座石橋，人們稱這座橋為「佘公橋」。他活了 80 多歲，一生中辦了很多好事，史料記載他：「置義田、義屋、義塾、義塚。以贍族濟貧，所費萬緡。」

婺源縣一位叫詹文錫的商人，有一次到四川去經商，來到重慶界。在涪合處有一段險道，當地人稱之為「驚夢灘」。此處懸崖峭壁，一葉小舟都難以透過。他把這件事記在了心上。過了幾年，經商有了資本，他又再一次來到這裡，毅然拿出數千金，僱用當地人鑿山開道，便利了舟船行駛，當地人嘉其行誼，遂稱此處為「詹商嶺」。該縣還有一位叫餘源開的商人，經商有了錢，在家鄉不斷實施義舉義行，如宗祠毀壞，捐金營茸；文社廢弛，輸田振興；道路難行，獨力修平；還創義祭、建石橋等等，人們送給他一塊匾額，題曰「見義勇為」。

記載晉商辦公益、施義舉的也很多。山西《石靈縣誌》記載：商人張佩貿易於直隸後歸故里，「建橋修路輸金賑貧，又設義塚二所，以待村中之貧而無葬地者」。《稷山縣誌》記載：商人劉世英「凡修橋梁平道路浚溝洫皆獨任其勞。」商人孫世傑，「賦性好施，貿易京都，修橋路以濟人行；」《安澤縣誌》記載：商人喬廷楹，「慷慨好善，凡里中婚嫁喪葬無力者，無不罄囊相助，至修橋補路猶其小焉者。」

第二，建宗祠、辦義學、開設書院。

商人經商活動與宗族之間的關係是非常密切的，在聚族而居的地區，其經商者往往都得到宗族的支持，比如開始經商時，其資本有的是宗族內部湊集的，經商者使用的夥計、助手等也往往是族內之人。有的宗族提倡族人去經商，以壯大本宗族的財勢或以此為解決家境比較貧困的一條生路，這種維護宗族的利益，也成了商人產生的直接動因之一。宗族與經商有如此的關係，當然作為已經經商者或經商已致富者一定會竭盡全力維護宗族的利益和宗族的繁衍生存。表現一個宗族存在並使宗族具有很強凝聚力的象徵和手段之一就是建立本宗族的宗祠，所以我們看到許多商人有了錢之後，用在建宗祠上的費用是很多的。

商人們還熱衷於辦義學、建書院。此舉出於兩點考慮：一是為了宗族的興盛，要培養族內後人有文化，有知識；二是商人本身地位很低，要提高自己的地位，必須使自己的子弟透過讀書以鑽營仕途。所以在商人的家鄉義學、書院很多，讀書的風氣也很濃。像徽商的出生地之一的歙縣有書院達數十個，其中最有名的是紫陽書院，這個書院就是商人鮑氏家族捐銀數千兩修復建成的。所以在這個縣除了少部分讀書之人就學於府縣學之外，其餘大部分讀書者都聚集在義學和書院裡。

第三，捐資助賑、助餉。

關於商人這方面的舉動記載很多。凡遇自然災害，糧食欠收的年景，商人們就會拿出錢糧予以救濟，特別是財力雄厚的鹽商，其慷慨之舉更為突出，曾主持兩淮鹽務的大鹽商汪應庚，史籍記載其多次出資助賑；雍正九年（1731），海嘯成災，「作糜以賑伍佑卞倉等場者三月」；雍正十年（1732）、十一年（1733），江潮迭泛，「州民仳離，應庚先出橐金安定之，隨運米數幹石往給」，十二年（1734），「復運穀數萬石，使得哺以待麥稔，是舉存活 9 萬餘人」；乾隆三年（1765），歲飢「首捐萬金備賑，及公廠煮賑。更獨為展賑八廠一月，所賑至 9,641,000 餘口」。商人們集體捐資助賑的情況也時有發生，乾隆三年（1738）鹽政三保曾上奏皇帝，聲稱「眾商以揚郡（揚州）被旱，願設八廠煮粥，自本年十一月起至次年二月止，共捐銀 127,166 兩有餘」。乾隆七年（1742）鹽政准泰上奏，聲稱：「以揚（揚州）水災，兩淮商人等公捐銀 24 萬兩」。

兩淮總商鮑漱芳，帶領眾商助賑行為更為可觀：嘉慶十年（1808）洪澤湖漲決，車邏、五里諸壩災民嗷嗷待食，「漱芳集議公捐米 6 萬石助賑」；同年淮黃大水，「漱芳倡議仍設廠賑濟，併力請公捐麥 4 萬石展賑兩月，所存活者不下數十萬」；他本人多次捐銀上億兩浚河道、修堤壩。

凡遇有大的軍需，其糧餉等有相當的部分是來自於商人，這就是所謂的助餉。此舉也是以鹽商參加最為積極。據記載凡政府有軍事行動，商人出資「報效」已成定例。商人蔘與助餉的是在清朝，因為清朝建立後，國內的軍事舉動一直不斷，乾隆皇帝自稱其有「十全武功」表明軍事行動的頻繁。頻繁的戰事，耗盡了政府的財力，於是為了取悅於政府，商人們便主動拿出錢物支持政府。據官書上稱：「乾隆中金川兩次用兵，西域蕩平，伊犁屯田，平定台匪，後藏用兵，及嘉慶初川，楚、陝之亂，淮、浙、蘆、東各商所捐，自數十萬、百萬以至八百萬，通計不下三千萬。其因他事捐輸，迄於光緒、宣統間，不可勝舉。」其實商人們也有著自己的考慮，他們的財富來自於鹽業，經營鹽業離不開政府的支持，有時他們就是憑藉著政府給予的特權而業鹽致富的，所以拿出錢來支持政府，對他們來說是一樁不虧本的買賣，事後政府會給予他們更多的特權，會賺更多的錢財。

# 中間商

　　牙紀是貿易發展到一定階段的產物。自漢代出現，至明清達於鼎盛。「市中貿易，必經牙行」，牙紀在貿易中處於樞紐地位。

## 牙紀產生與名稱演變

　　經紀人，大約起源於牲畜貿易市場，是說合交易、從中取傭的居間商人。漢稱「駔儈」，最早見於《史記·貨殖列傳》。此後歷代均有，從業範圍逐步擴大。

　　唐代稱經紀人為牙人、牙子、牙郎等。「安史之亂」頭目安祿山即是牙郎出身。「牙郎，駔儈也。南北物價定於其口，而後相與貿易。」入市貨物，須先經牙紀定價，而後才能貿易。

　　稱經紀人為「牙人」，自宋代起即有釋義。孔平仲《談苑·駔儈》中說：

　　本謂之互郎，主互市事也。唐人書互作㸦，㸦似牙字，因轉為牙。

　　孟元老《東京夢華錄》引吳曾《能改齋漫錄四》說：

劉貢父詩話謂今人謂駔儈為牙，謂之互郎主互市事也。唐人書互作乑，乑似牙字，因轉為牙。予考肅宗實錄，安祿山為互市牙郎盜羊事，然則以乑為牙唐已然矣。畫短為乑，長為牙。

以上各種解釋，大同小異，均謂「牙」由「互」演變、訛傳而來，牙人即主持貿易的經紀人、居間商人。

自唐代開始，牙紀與政府發生聯繫，政府發給「市主人牙子」以「印紙」，「人有買賣，隨自署記，翌日合算之。有自貿易不用牙子者，驗其私簿投狀」。牙紀的貿易中間人合法地位，得到政府的確認，並被賦予監督之職責。唐貞元間敕令：「自今已後，有因交關用欠陌錢者，宜但令本行頭及居停主人、牙人等，檢察送官。」

宋代，仍多稱牙人、牙儈。政府與牙儈的關係進一步密切。政府發給牙人身牌，作為在市場營業的執照。制定「付身牌約束」，加強對牙人的管理，並藉助牙人控制市場。所謂「身牌」是一種木牌子。「交易牙人須交壯保三兩名，及遞相結保，各給木牌子隨身別之。」在「付身牌約束」上，寫明「某縣、某邑牙人，某人付身牌坐開縣司約束如後」，並寫有關於牙人職能、活動方式及活動具體目標的規定。最後註明「右付給某人。遇有客旅欲作交易，先將此牌讀示。」宋代商業繁榮，牙人不僅活躍於城鄉民間貿易，而且活躍於

官營貿易中。本來，在宋神宗時，王安石變法之初，市易法的實行，曾使「兼併之家以至自來開店停客之人並牙人又皆失職」，遭到牙人等激烈反對。但事實證明，牙人的經商知識和技能，為官營貿易所必須，故後來在設定市易務等商業組織時，就吸收牙人參加，充任官牙。《宋會要輯稿‧食貨》卷五十五之三十一載：

熙寧五年三月二十六日，詔：……宜令在京置市易務，……召諸色牙人投狀，充本務行人牙人，……遇客人販到物貨，出賣不行，願賣入官者，官為勾行牙人與客人兩平商量其價。

宋代文獻中有不少牙人參與官營貿易的記錄。如在官府的指定下，牙人鑑定貨物質量，看是否有「偽濫」之物；牙人秤量貨物，「把斛交量」，看是否有短缺；牙人「估時值價錢」，南北方「兩邊商人各處一廊，以貨呈主管官，牙人往來評議」；牙人代官府主持鹽、酒、茶的貿易，將這些貨物批發給商販，「官又派牙儈散之市井無賴之徒」及「商賈」；牙儈還負責接待邊外貿客商，「引蕃貨赴市易務中賈」等等。

明清時期，仍有「官牙」「私牙」之分。但不論官私，多稱牙紀、經紀。明初，從中央到地方，官吏紛紛設立皇店、官店，招徠客商，屯積貨物，收取佣金和商稅，分取牙紀之利。明洪武二年（1369）釋出命令，取締牙人：「天下

府州縣鎮店去處，不許有官牙私牙」，「許鄰里坊廂拿獲赴
京，以憑遷徙化外。若系官牙，其該吏全家遷徙。」（《古
今圖書整合·食貨典》卷二二二）但植根於經濟貿易中的牙
紀，不是一紙命令所能取消的。因而在明嘉靖二年（1523）
的市易法中正式承認：「凡城市鄉村諸色牙行及船埠頭，並
選有抵業人戶充，官給印信文簿」，記載往來客商交易，「每
月送官查照」（《明律集解附例》卷一）。開設牙行的多為
有業的富裕人家，他們向官府交納帖費後，可領取牙帖（又
稱龍帖、龍票、諭帖等），作為營業執照。牙帖原由藩司衙
門頒發。清雍正十一年（1733）令各藩司因地制宜，擬出定
額，報部存案。這一規定，使各省有給帖徵稅之權，影響中
央收入，故後來改由部發，各省轉給。牙帖大致分上中下三
等，按時換領。這種制度一直延續至近代。20 世紀 40 年代，
牙稅併入營業稅，牙帖被營業執照所代替。領有牙帖、包辦
牙稅的牙行（如清代天津有鮮貨行、牛肉行、羊肉行、豬肉
行、油行、船行、花生行、栗子行、瓜菜行、顏料行等），
成為壟斷某一行業貿易的特權商人，凡牲畜、農牧漁副等產
品，必須經過牙行才能買賣。「牙行非借勢要之家不能立」，
且「其利甚厚」，因此競爭很激烈，有時達到十分殘酷的地
步。據徐珂《清稗類鈔·農商類》載：

　　清乾隆時，北京天橋有兩家紅果行，皆山東人，「爭售貶

價，各不相下，繼有出而調停者，謂：『徒爭無益，我今設餅撐於此，以火炙熱，能坐其上而不呼痛，即任其獨開，不得爭論。』」議定後，一家主人即解衣坐到燒紅的餅撐——大鐵盤上，火炙股肉，頃刻間，兩股焦爛，即倒地死，但不呼痛。於是，他的紅果行遂呈部立案，獲得在天橋獨設的特權。

該書在同頁《京人爭牙行》中又記載了一個更加駭人聽聞的故事：

京師有甲乙二人，以爭牙行之利，訟數年不得決，最後彼此遣人相謂曰：「請置一鍋於室，滿貯沸油，兩家及其親族分立左右，敢以幼兒投鍋者，得永占其利。」甲之幼子方五齡，即舉手投入，遂得勝。於是甲得占牙行之利。而供子屍於神龕。後有舉爭者，輒指子臘曰：「吾家以是乃得此，果欲得者，須仿此為之。」見者莫不慘然而退。

據《北京工商史話》第二輯，清代北京許多行業中，有一些商家領有龍帖。北京果子市上，領有專營花生、栗子龍帖的店有恆興；領有專營西瓜龍帖的店有德昌、同裕等；領有專營桃、杏仁龍帖的店有公盛、天順；領有專營水果龍帖的店有萬豐、合濟、天成、興隆、增盛、天興、大成等。領有龍帖不僅可以壟斷一個行業，且可以傳給後代，子孫共享。龍帖一舉，廣為招徠，信譽卓著，生意興隆。

全國牙紀很多，且有大小之別。少數大牙行「富甲一邑」，多兼營邸店旅棧，或與之相通，並與「船埠頭」、「腳行」有密切聯繫，得到官府的支持、保護，勢力很大。小牙紀數量巨大，散布全國，借充當貿易中間人謀生。明萬曆年間呂坤曾說：「天下蒼生，富者十五二三，貧者十常八九，飢腸瘦面，破帽爛衣，或給帖充斗秤牙行，或納穀作糶糴經紀，皆投身市井間，日求升合之利，以養妻孥，此等貧民，天下不知幾百萬矣。」全國城鄉的物品經過這數以百萬計的牙紀的說合檢驗、定價、斗秤計量，不斷地從賣者手中轉移到買者手中，形成了永無止境的商品流通。牙紀是不可或缺的貿易仲介媒體。

牙紀的出現是經濟發展的必然。如上所述，明代政府釋出命令取消牙人，清政府限制牙紀，世人譏諷牙紀，稱行為不端的人為「市儈」，但牙紀並未因此而消失，就充分說明了這一點。據明清和近代記載，牙紀產生和存在的原因很多，主要有以下幾點：

第一，調解買賣雙方因價格問題引起的爭議。在早期，「人們越是接近商品生產的原始狀態，……他們也越是把更多的時間浪費在持久的、互不相讓的討價還價上，以便為他們花費在產品上的勞動時間爭得充分代價。」因此，主持交易，公平定價的中間人牙紀便應運而生。這種中間人因公平

正直而受到買賣雙方的信賴。宋人詩句中描寫了集市貿易上中間人受人尊敬的情景:「老人主貿易,仰俯受人尊。」

## 出土的青銅器

據潘君祥《近代上海牙行的產生發展和演變》一文記載,上海魚行設立於清同治年間,其原因是:以前漁民將魚直接售與魚販和居民時,常因價格爭議而起風波,寧波人武慶寶仿寧波集市上的「秤主人」,在十六鋪沿江做起「秤主人」,成為漁業中買賣雙方的居間人。既方便貿易,又賺取了佣金,業務興旺。後群起效法,並在此基礎上發展成為魚行。最早的是瞿小蒼開設的瞿長順魚行,繼之是徐炳生開設的泰昌魚行和武慶寶開設的公順魚行。清光緒年間已有 7 家魚行,1937 年上海有 23 家魚行,經紀冰鮮、河魚和鹹魚。

第二,解決大批收購與零星供貨之間的矛盾。販運商人所經營的是大批次商品,而農民小手工業生產者所提供的是零星的產品,故熟悉地方和貨源情況的牙紀便成為貨物的集中者和鑑定人。明清時代的史志,乃至文學作品中,都有牙行經紀為客商從分散的村坊小生產者手中收購貨物、鑑別質量、定價過秤、包裝發送的記載。對牙行成為零星貨物集中地和貿易中心的事,明末人馮夢龍在《醒世恆言·施潤澤灘闕遇友》中亦有所描述:盛澤鎮「市上兩岸綢絲牙行約有千百餘家,遠近村坊織成綢匹,俱到此上市,四方商賈來收

買的，蜂攢蟻集，挨擠不開。」

第三，及時推銷大批次，尤其是易腐爛物品的需要。

客商販運大批貨物到一個地方後，因人地生疏，需要有人幫助推銷，並辦理有關事務，牙紀就成為合適的人選。

據載，雜糧客商到上海後投行，多出於貿易的需要，因為客商在上海人地生疏，要求行家代為買賣，辦理一些與貿易有關的事務，如報關手續，縫破袋，掃地腳，上棧房，保險，還可以在貨未賣出前向行家借些款項。

上海雞行的成立也出於同樣的需要。清末，蘇北經由天生港、張黃港用輪船裝運抵上海的雞鴨數量很大，每船都有幾十籠乃至上百籠，需要較大的存放地。客商為了方便，一般都宿於輪船停泊的十六鋪南的大達碼頭附近的老太平弄一帶客棧，由客棧服務員（茶房、招待）介紹批發給零售商販、熟食店、酒茶館，客棧只向客商收房租、膳資，不取介紹費。久而久之，於 1898 年就出現了專門代客商介紹批售家離為業的中間人劉老二和冒鵬程。但尚無固定營業場所。次年，上海第一家雞行 —— 錦記雞行成立，以代客批售毛雞為主，吸收劉、冒二人參加。後冒鵬程脫離錦記，於 1905 年開設德豐雞行，兼營蛋品。繼之而起的多家，其中有受客商委託代批的，有從同業批進後轉給零售商的。

有些「不能緩賣」的「當時之物」，需藉助牙行，組織

小販，及時推銷，這亦是牙紀存在的一個原因。

據《天津商會檔案彙編》載：

天津魚行稱作髁（鍋）夥，辛亥革命爆發後，天津各牙紀被飭令暫行歇業 3 個月，其後牙行魚業再停業 6 個月，在此期間，原須經牙行的各項買賣，「儘可隨便直接交易，不必再經各該牙紀之手」，這本是免除牙紀剝削，促進貿易發展的善舉，但卻遭到沿海小村打魚船戶的反對。壬子年二月八日（1912 年 4 月 6 日）他們上書勸業道、商務會、議事會請仍立鍋夥以便魚業貿易：

今聞又將牙行魚業再免六個月……此恩未嘗不大。唯有鮮魚乃當時之物，不能緩賣，非用小販亦不能暢銷，又不能設鋪自售。身等久居海涯，何能與小販交易，因小販無業居多。查津埠為魚鹽之幫，銷路最廣。今魚業停辦，髁（鍋）夥禁立，身等載貨來，以致腐爛敗壞，倒與（於）溝河，……身等情願魚業減收或免收，代辦或另圖安售之所，貨到錢財急刻還回，一日可載貨往來一二次，以便商人交易。行商若便，沿海打魚小戶，不至有貨無主，在本地可得利益矣。

### 「代客買賣，收取佣金」

這是牙紀在貿易中的主要活動和基本功能。又可分為兩種情況。

第一，「聚四方商旅」，並代為收購。明清時期，江南市鎮上有一種專門接待遠方客商，為其收購貨物的牙紀。每當富商巨賈持重金來市收購布匹等貨物時，這些牙紀奉之如王侯，爭相殷勤接待，投客所好，以為迎客，無所不至：「客商初至，牙人豐其款待，割鵝開宴，招妓演戲以為常。」大家所熟知的《木棉譜》的作者褚華的六世祖，就是「精於陶漪之術」，專門接待陝西、山西布商，為其收購布匹的牙行主人。據褚華在《木棉譜》中說，秦晉布商皆住其家，他家中「門下客常數十人，為之設肆收買」。這裡的「門下客」，多數是由個體牙紀轉化而來，他們有的和牙行訂立有協定，幫助牙行為客商收購布匹。

史志中，有不少牙紀收購鄉民貨物的記載。宋代，牙人到鄉村中與囤積居奇者相勾結，加價套購米糧，致使士民缺食：

臣在村落，嘗見蓄積之家不肯糶米與土居百姓，而外縣牙人在鄉村收糶，其數頗多，既是鄰邑救荒，官司自不敢輒加禁遏，止緣上司指揮，不得妄增，本欲少抑兼併，存恤細民，不知四境之外，米價差高，小民欲增錢糶於上戶，輒為小人脅持，獨牙儈乃平立文字，私加錢於糶主，謂之暗點，人之趨利如水就下，是以牙儈可糶，而士民闕食。

（董煟《救荒活民書》卷二）

明清時，江南地區，每當棉花下來時，牙紀紛紛掛燈收購。清代楊光輔在《淞南樂府》中對棉花交易情況有如下的描寫：

天未明，棉花上市，花行各以竹竿挑燈招之，日收花燈。

在淞南地區，「收花燈竹插簹高，辛苦利如毛。」褚華在《木棉譜》中描述上海一帶棉花貿易時說：

邑產者，另有行戶，晨掛一秤於門，俟買賣者交集戶外，乃為之別其美惡而交易焉。少者以籃盛之，多者以蒲包。

乾隆《續外岡志》說，位於嘉定縣治西南不遠的外岡鎮一帶盛產棉花，每當新花上市，「牙儈持燈而往，懸於荒郊要路，乘晦交易。」

嘉定縣新涇鎮，為棉花彙集場所，每當秋季，農民趕集賣花時，牙儈攜燈攔截鄉民，爭相搶購：

市中交易，未曉而集。每歲棉花入市，牙行多聚少年，以為羽翼，攜燈攔接，鄉民莫知所適。

（明萬曆《嘉定縣誌》）

在搶攘之際，有的鄉民甚或丟失貨物。

布牙多於夜市收購布匹。自明代起，江陰「布牙，除西鄉日市外，餘皆以天色未明，張燈交易，日出而罷。其短陌攙私，雖市肆常有，而夜市為甚。」

**中間商**

### 蚊鼻錢

江南絲綢業市鎮上牙行林立，收買鄉人村坊絲綢，然後轉售給聚集在這裡的四方客商。

據方誌記載，每當新絲上市時，「鄉人抱絲詣行，交錯道路。絲行中著人四路招攬，謂之接絲日，至晚始散。」絲綢行收購之絲綢，大多轉售給來自外地的客商。

安徽產茶，當地人不辨茶味，燕齊豫楚商人每隔歲，經千里，「挾資而來，投行預質。牙儈負諸賈子母，每刻削茶戶以償之，銀則鎔改低色，秤則任意輕重，價則隨口低昂，且多取樣茶，茶戶莫能與較」。

第二，「評價過秤」，代客推銷。糧食貿易中，牙紀的這種居間活動頗為典型。

據吳自牧《夢粱錄・米鋪》載：南宋時，杭州城內細民食米，每日達一二千石，都需從米鋪購買。這些米是從蘇、湖、常、秀、淮、廣等處，由客商運來的，杭州的米市橋、黑橋「俱是米行，接客出糶。」「城內外諸鋪戶，每戶專憑行頭於米市做價，徑發米到各鋪出糶。鋪家約定日子支打米錢。其米市小牙子，親到各鋪支打發客。又有新開門外草橋下南街，亦開米市三四十家，接客打發，分依鋪家。」且米的搬運「自有貰戶，肩馱腳伕，亦有甲頭管領，船隻各有受載舟戶，雖米市搬運？昆雜，皆無爭差。故鋪家不勞餘力，

而米逕自到鋪矣。」

　　清代的糧食貿易也是在牙紀的參與下進行的。據《北京工商史話》第二輯載：清末民初，北京居民所需糧食都是從市場上購買的。糧食業有所謂「內三行」、「外三行」之分。經紀行是外三行之一，主持批發交易，地點在關廂斗局、珠市口、教子衚衕。賣方為糧棧、稻米莊及加工成品的糧店，在市場上擺案陳樣品。經紀人撮合、成交後收取手續費。買賣雙方直接議價，採用拉手摸指頭方式，雙方一言為定。由賣方送貨到家，由專營扛肩的「下家」卸貨，並收裝卸費。下家領有官帖，有壟斷性。此外，還有所謂「斗局行」，集中在廣渠門一帶，專為各地來京賣糧的農民介紹交易，過斗計量，亦屬牙紀性質。每天成千上萬石的糧食，經牙紀的檢驗，作價、過斗、銷售。

　　天津牙紀開設的斗店擔負著為客商推銷由外地運津糧食的任務。「緣由南運、大清、子牙等河運來豫東順直等處米麥雜糧，向繫到津賣與京津等處客商轉運，或就原船，或起剝（駁）小船，或運至老龍頭起附火車北上，或徑赴海河一帶銷售。但一經買賣，必由身等各糧店說合過斗，擔保價銀。」

　　不僅大城市，鄉鎮上的糧食貿易，也離不開牙紀，在上面「糧食交易」中已言及，下面再補充一些事例。

據一些地方誌載，清代，位於江蘇吳縣治東邊的同裡鎮，米市上，「官牙七十二，商賈四集」。每日黎明，鄉人咸集，百貨貿易，而米及豆餅為尤多。平望鎮，「帆檣之萃，粟米之聚，百物喧闐」。鎮上布滿了牙紀開設的米行，牙紀接待湖廣、江西等處的米商，將米糶賣給商販，至各地銷售。另據天津商會檔案，直隸靜海縣獨流鎮是三河碼頭，商賈輻輳，貿易發達。凡靜海各牙行行頭，皆設在獨流，各行頭應行，有憑司帖者，有憑縣諭者，各行中尤以斗行為大宗。清咸豐同治年間及光緒初年，四店八局斛斗並用，雜糧每石抽斗用京錢 20 文，每年經牙紀銷售的糧食不下 200 萬石。以後，斗戶（牙紀）屢有欺騙糧客之事，外地客商因之裹足不前，該鎮碼頭，遂日見凋敝，而斗戶所得斗用亦不敷辦公。斗戶又多抽傭錢，由每石抽 20 文，漲至七八十文，乃至一百五六十文。此外，又向賣主吃升合，向買主尋酒錢，以致外埠糧客及附近鄉民畏各牙行如虎，視該鎮為畏途。外地糧船不來，三八集日上市鄉糧甚少，不敷民間日用，不得不分赴各地採買，致使該鎮糧價上漲，比各處每石貴二三角。

其他行業中的情況大體相同。《天津商會檔案彙編》下，列舉了有關清末天津鮮貨行、席行、姜行、瓜行、豬行、蝦醬山藥業、窯業及漁業鍋夥牙紀的活動。

僅以鮮貨行為例。按照定例，徑紀「准於集上評價過秤

照章抽取」佣金。

　　鮮貨行議定抽收行用章程十則規定：

　　「凡客人裝載各項鮮貨入店時，各夥計須向前迎接，安置地位，由行頭公平評價，照章抽用三分，出自買主，不准夥計額外多索分文。如客人因時價不對，或在外自行有主出售者，許照章付給轉運津貼，名曰過河，以資應差。不准阻滯留難，致取咎罰，自應照章減付，任客投主。」

　　清代北京前門外果子市有 40 餘家水果店鋪。主要經營西瓜、梨、桃、蘋果、柿子等鮮果。到市上推銷鮮貨的人被稱為客商。大多來自昌平、密雲、房山、大興等縣。客商多在果子市落腳，彼此關係比較固定，果店老闆熱情招待。客商落腳後，卸貨、看貨、議價、過秤，再轉手給直接經營的水果門市店和小商小販。果子店牙紀向客商按賣價收 2% 手續費，向前來購買果子的商店和小商販收 6%～ 10% 的傭錢。

　　鮮花貿易也有牙紀參與。明清，南北各地到南京賣花，必經當地花樹店花農一番培植，而後捆載往來。「凡出入俱由店主……店主人俱如牙戶之居間」，抽 1/10 的傭錢。

　　至近代上海的許多牙行還保留著代客買賣的居間性質。協茂水果北貨行開始完全是代客買賣。北貨到行後陳列大樣，任客戶挑選，由買賣雙方自行議價，抽行傭 4%。水果行「以代銷為主」，抽佣 8%。豬行還把只許代客買賣，不許

自己投資販運豬隻及兼營他業定為行規。糖行主要為潮汕幫販運至滬的土糖定價、推銷，抽取佣金。

在上海《海上冰鮮業敦和公所沿革碑》的碑文中，比較詳細地記述了滬上冰鮮業牙行充當貿易媒介，周旋於販戶與買客之間的事實。

冰鮮之法，實邁於古。滬上之有冰鮮，始於汪成模君，設福悼行於寶帶門外。於時商埠始闢，市廛未盛，……厥後乃有蕭炳南君設恆昌行，武慶寶君設福昌行，遂鼎足而三，凡敷（漁）人之流，自海外至者，悉赴三家為市，行主人為之媒介，以懋遷其有無。……顧行主人不能枵腹，則受值者，更損其百之七以為報酬，定名為九三扣傭。所謂傭者，猶言行主人用人之費。

### 兼營邸店自營進銷

牙紀在代客買賣中，逐漸兼營供客商寓居和儲存貨物的旅館、貨棧、倉庫，這在漢、唐時稱為邸店。明政府一度禁牙人活動，企圖以邸店牙為一體的官店取而代之，但沒有成功。這種經營模式後被牙人仿效，兼營起邸、店來了；邸、店也兼營牙業，於是出現了邸、店、牙合而為一的牙行。政府關於牙人必須由「抵業人戶充當」的規定，更助長了邸、店、牙結合的做法。上面提到的褚華的六世祖所經營的就是一個集邸、店、牙為一的大牙行。他家有供秦晉布商住宿的

處所，有數十個「門下客」為布商收購，並備有儲藏布匹等物的倉庫。

有的牙紀逐漸不滿足於代客買賣所收取的佣金，開始自營進銷，乃至轉化為批發商。這類事例，早有記載。如宋代，「累資千萬」的建康鉅商楊二郎，「本以牙儈起家」；欲壟斷一府屠宰之利的錢塘縣民楊康，原為「賣羊官圈」牙人；「貲至十千萬」的邢州「布張家」，向以「接小商布貨」為生，是布牙出身等。清順治肘，蘇松牙人沈青臣假冒「三陽布號」，自營棉布進銷；嘉慶末年開設的江陰向仁記棉布牙行，從專為東北布商收布，到自營布匹，利潤倍增。

晚清，有些牙行自營大宗買賣，轉化成批發商。上海經營北貨業的一些行家，如益大、德泰恆等與天津山貨行掛鉤，委託代為採辦北方紅棗；水果行的一些大戶從煙台、青島辦貨；冰鮮行自營鹹魚；雜糧「行家自己進銷與代客買賣都做」；藥材行「逐步由代客買賣轉變到低價『吃進』，加碼『賣出』」，採取了「既賺取佣金，又獲利潤的雙重作法」；花行自購自銷，自負盈虧；糖行一面代客銷糖，收取佣金，一面以低價買進，再行出售，做進銷業務，賺取利潤。1900 年前後，隨著洋糖進口的增加，糖行從代土糖客商銷售的居間商，轉化成了洋糖的進口批發代理商。清末民初，上海許多牙行既代客買賣，又自營進銷，成為舊牙行與批發商的混合體。

### 「行霸」、「牙棍」劣跡追蹤

牙紀作為貿易的仲介和媒體，有促進貿易發展的一面，但由於他處於買賣之間，隔斷了雙方，並得到官府的確認和地方惡勢力的支持，往往表現出壟斷貿易的傾向，有時公然敲詐勒索，強買強賣，胡作非為，橫行霸道。劣跡種種，僅舉數端。

其一，強買強賣、賤買貴賣。

據《全唐文》，當時牙人就從事賤買貴賣活動：

鄉村糶貨斗斛及賣薪炭等物，多被牙人於城外接賤糶買，到房店增價邀求，遂使貧困之家，常置貴物，秤量之際，又罔平人。

宋代，「牙人公行拘攔民間貨物，入場賤買貴賣」。明清時期，更出現了所謂「行霸」、「白拉」、「白賴」，為害地方，阻礙貿易。對此，史志中有大量記載。

明末太倉州，有一種「棍徒，赤手私立牙店，日行霸。貧民持物入市，如花布米麥之類，不許自交易，橫主價值，肆意勒索，日用錢……鄉人持物，不論貨賣與否，輒攫去，日：『至某店領價。』鄉民且奈何，則隨往。」有候至日暮才得到半價的，有徒手哭歸的，有飢餒嗟怨被毆傷的。該州雙風鎮孔道，為行霸回截，薪米告匱，以至於急需農具運不到鎮中。茜涇鎮，以織蒲鞋著名，鄉民夫婦日夜捆織，懼怕

被白賴搶走，只好偷偷潛行至鞋場出賣。

上海縣有所謂「白拉」，「其人並不開張店鋪，糾集遊民，伺客船至鎮，拉其貨物，或散居民，或散店口，十分貨價償其二三，公行侵蝕。」小商人資本不過數十金，告官則費時日，更加虧本；與白拉爭論，則遭拳打腳踢，白賴卻洋洋自得。「甚至鄉民以柴米等物入市，悉遭搬搶，以多為少，以貴為賤，名為代賣，實資中飽，致商民俱惴慄遠避，市價騰湧。」

南翔鎮「白拉」活動更為猖狂。他們「聚集惡黨，潛伏道側，候村民入市，邀奪貨物。或私開牙行，客商經過，百計誘致，不罄其資不止。」

其二，摻雜使假，大秤斗進，小秤斗出。

宋代朱熹指出：「契堪諸州縣鄉村人戶搬米入市出糶，多被牙人兜攬拘截在店，入水和拌，增抬價值，用小升斗出糶，贏落厚利。」據明清方誌載，有的行霸所用的斗、秤亦與通常用的斗、秤不同，叫做「橋斗」、「橋秤」。石門縣絲市上，「絲行牙儈，愚弄鄉民，造大秤至二十餘兩為一斤，銀必玖柒捌色折，折淨又捂高低。」嘉定縣新涇鎮有所謂「市虎」、「奸棍」、「牙棍」、「牙蠹」之類，他們以輸稅為名，「兌換低錢」，擾亂市場。《嘉定縣為嚴禁牙行兌低椏派指稅除折告示碑》上寫道：「新涇一鎮，為邑東孔道，商賈要區，凡

民之業屢，與夫花布等貨，齊集於市，平買平賣，照物之精粗，定價之高下，以有易無。」三尺童子無欺。但明末，「牙棍把持行市，每以客之紋銀，賤兌低錢，以十折八給發，小民至於爭換，則因而聚毆者有之，貨錢俱匿者有之。」市場秩序混亂，眾口不平。經告發，嘉定縣立石嚴禁：「如有前項牙棍，仍兌低錢椏派，及指稅除折，……為害地方，……盡法拿究」懲除。

其三，勾結賣主，抬高市價。

清末，天津商民及眾行商等稟控牙行眾牙紀與賣主串通、抬價出售時說：「該牙行等不顧大局，與賣客勾合，高抬市價，暗中抽用，較比先時尤甚。」如山芋每百斤價由原來二吊二百文，抬高到兩吊七百文。一行如此，各行效尤，民受其害。

其四，勾結買主，挪用拖欠貨款。

如客商從上海等地購買糧食運天津銷售，天津本埠各鎮外客及東河至榆關一帶客商在津採辦糧者，向憑跑合人（牙紀）經手買貨，其貨價銀兩皆系過些日子歸還，至期交銀者雖然不少，但拖延者在所難免。抑或有外客將銀撥還，反被經手跑合之人擅自挪用者；又有一宗奸商來津買貨亦憑跑合人等經手，一言買妥，即將貨運往他處變賣，而貨銀一項，屆期不但不還，反用這筆錢別圖漁利。其果能得利，則貨銀

耽延數月尚可清還，如其虧本，則所欠貨銀置若罔聞。賣主再三催討，亦置之不理，致使許多來津賣貨的客商虧賠受累。

其五，「攔截客貨」，「勒索抽用（傭）」。

據天津商會檔案記載，清末，天津鮮貨行牙紀多次截留來津客船，亂收費用，致使運津的不少貨物爛掉，或降價出賣。按照規定，牙紀只准在貨物入集時，在集上評價過秤，照章抽傭，從不准攔路截索。可「該經紀楊金波越境至四十里以外，膽敢攔截客貨，代起稅捐。」客商不從，即將清光緒三十一年（1905）八月節前趕運來津的梨船扣留，至八月十七日才放行。八月十五中秋節前，津地市面行情，每100斤梨售價洋銀3.3元，節後跌至2.8元。每百斤損失按0.5元計算，該客商貨物因被牙紀扣留而統共損失300餘元，且船艙悶爛之梨約3,000餘斤，尚未計算在內。此事發生後，由於客商告發，同年，《天津縣釋出嚴禁牙紀楊金波截留過路鮮貨客船勒索抽用的告示》：「凡有販來鮮貨投入該行店售賣，准經紀楊金波在集公平評價，照章抽收行用；如有過路船載貨物，不准經紀楊金波截留勒索。」但事隔不久，在清光緒三十二年（1906），楊金波「又巧捏例目，名曰過河用，應抽三分之半，懸貼各口，非令過往鮮貨商船遵繳不可」。從而引起鮮貨鋪商源興號等28家聯名控告，但天津縣官府的態度為之一變，偏袒楊金波，釋出告示：「你等須知該經紀

每年認捐官款甚巨，凡由御河運來鮮果等貨，須投該經紀評價，照章抽用。」因牙紀攔截客貨強行抽佣、多抽佣而引起的糾紛，訴訟經年，一直繼續到清末。民國元年（1912）《津郡栽種、販運及鮮貨商控告牙紀楊金波無視部批縣諭繼續攔船抽用請重頒禁令文》中概述了牙紀楊金波攔船抽佣的事實：「（光緒）三十一年老店牙紀楊金波，意圖壟斷，謀作攔河抽用之舉，經鮮貨家源興、東福盛等號出與交涉，經唐縣令嚴為申斥，且出發告示數十張，俾各鮮貨家分行執守，已成鐵案。三十二年，楊金波利心復燃，串誘縣署，賄託章令與出明示在店張貼，謂鮮貨過船必須貼用等語，經梨商宋世有、吉春元等與為交涉，經農工商部嚴札天津道轉飭天津縣，速將示諭撤銷，嗣後鮮貨運津，自應任客投主，萬不准老店攔河索用。但楊金波一味頑抗。1911 年又硬行攔截王協中之梨船，竟至梨全部腐爛。本年（1912）又攔截劉璞等客商的梨船，個個索用「以致販客裹足，樹主悲天」。

其六，「要過路之錢，拔雁過之毛」。

這是直隸大城縣王口鎮席商，於清末稟訴天津席牙胡永泰抽佣多達四倍時的用語。事實如下：

竊商等在大城縣王口鎮購買席片，發運東三省銷售，路過天津，而席牙胡永泰、馮奎士抽收過路席用，每百片津錢三弔文，內包捐稅。查國課定例，每百片稅銀一錢，捐銀五

分，約合津錢六百文之譜。由三吊除去六百，餘剩二吊四百文，較比國課加重四倍之多。且又代僱船隻，任其作價，不由商人自主，把持市面有累商業。

但牙紀胡永泰卻以應差交捐為藉口進行辯護說：

身等開設公發棧生理，每年在天津供備督藩道府憲及縣署各衙門，並過往大差搭蓋涼暖等棚，所需席片向係身棧供應。並於應差之外，每年納呈府縣公款三千吊，並報效工藝局費一千吊。身應差交款，專指奉天外客住身棧內，再到大城縣屬王家口鎮購買席片，由津過路發往東三省，均經身代客僱船，保險路中失毀以及鈔關卡口捐稅，並辛力茶水席用等項錢文，每席計百片，客人統共給錢三弔文。照章辦理，不敢意外多索。

**錢·青銅鏟**

席商反駁說：

按牙紀每以應差交捐藉口，夫應差交捐搭蓋各署棚席，俱有棚鋪應差，且均發官價。由安州大城等縣並王口鎮來津之席，落地銷賣者約有七八十萬片之數，只可以抽落地之牙用，籌本地之公費，業已有盈無虧，何以又捐及過路之客？……且商等原在買處有用有捐，及運奉省銷售，又有用有場捐，一買一賣均有捐用。初不料不買不賣，憑空又多此過路之牙用。

牙紀這種要過路錢、雁過拔毛的行動，使客商幾乎寸步難行。

其七，縱伕役攔截，「強徵索用」。

清末，津郊北運河兩岸9村村正控告西河瓜行牙紀於得泉強徵索傭文中說，各村皆以務農務圃為生。因糧食歉收，生活困難，借種菜輔助。農民「肩擔赴津小賣，得此餬口。乃於宣統二年，西元一九一○年九月初五日突有大紅橋上，即西河瓜行經紀於得泉等，縱其伕役，竟在北運河口肩擔賣菜人等，硬行截索錢文」。

其八，「留難客船，滋累客商」。

清道光年間，《蘇松太兵備道為禁止牙行留難進出客船告示碑》上寫道：

據福建商船戶呈稱：福建商船「裝載棉花回閩，遵例入港擇牙報稅，出港則具艙單請驗給牌。一月兩潮，順水行舟。詎近來稅牙……把持私創，不遵古則，所有船牌投行，……久不報驗，……各客船裝貨請驗出口，而牙行擱不報關。」蘇松太兵備道「為此示仰各稅牙行知悉：嗣後凡遇該商船戶等進口，聽其隨客投行，先報先驗，……如裝貨出口，一經掛號發出牌照，應即隨時交給，不得稍有留難。

其九，假冒字號，「恣偽亂真」。

按規定商牙的從業範圍是有區別的，應各守各業，但有

的奸牙則假冒商號。如清初，奸牙沈青臣假冒布商金三陽等在松江府開設的三陽布號，被布商控告。金三陽布號在松江，發賣在蘇州，牙行多居松江。「商賈貿易布疋，唯憑字號認識，以昭信義，是處皆然，毋容混冒。」而「奸牙沈青臣，勇於壟斷居奇，私翻摹刻，以偽亂真，醜布射利，以致同商駢控。」案發後，沈青臣「唸經悔過，處明歸還」，「今三陽之字號，原歸金姓，竊號之青臣，業經創懲」，蘇松兩府不予深究。「但邇來奸徒險猾效尤者，藏奸叵測。」故蘇松兩府嚴飭布牙，「今後商牙，各守各業。如有奸牙地棍，覬覦字號，串同客賈，復行假冒，……立拿究解撫院，正法施行，決不輕貸！」

其十，「私捏官府告示，橫徵苛斂」。

牙紀本來是貿易中間人，但有的地方的牙行糾集惡勢力，盤踞市面，私捏官府告示，儼如衙署。文安縣勝芳鎮就曾發生過這種事情。由天津購運到勝芳的鮮貨，向不經牙紀評價過秤，例不抽佣。但「牙紀王俊謙視如利藪，又恃能訟，糾集多人盤踞市面，聲稱：奉各憲札飭立案，為教練所籌款一百五十元作為常年經費。遂修整大房一所，寫明乾鮮稅局，門懸虎頭牌匾，上寫：『如敢故違，定行送糾』，森列黑紅大棍，張貼告示，儼然衙署。」外地商人到勝芳貿易，經牙紀王俊謙評價過秤，任其抽收傭錢，不堪重負，即本鎮

鋪面零賣之貨，亦按鋪中貨帳，抽收稅傭。王俊謙並「賄買
庫書劉亞勳擅寫告示，張貼街市：凡鋪存甘蔗一捆者，不論
大小長短，即捐錢五十文，賣出另行抽佣。買甘蔗者，每京
錢二百五十文，捐錢五個文，每京錢一吊者，捐錢二十文。
其餘干鮮捐稅未便寫於告示者，口定捐數，筆難悉述。」

其十一「私分地界，把持勒索」。

與牙行有密切關係的腳行，是從事搬運業的腳伕的行幫
組織。搬運工是商品流通中不可缺少的，上面提到的宋代杭
州米市上的「肩馱腳伕」，就是此類。但到清代，據碑刻和
史志資料記載，許多腳行的腳伕是「遊手強悍之徒，又聚黨
約盟」，「什百成群」，「投托勢官，結納豪奴」，勢力強大，
他們「私分地界，把持勒索」，為害地方，形同行霸。

一是「霸占扛抬」，「多取僱值」。清乾隆時，松江華亭
縣「腳伕土工，各有豪宦庇護，藉勢霸持，到處皆然。」他
們「私分地界，霸占扛抬，恃強攙奪，多取僱值。」清嘉慶
時，上海縣「民間凡遇婚喪事宜，需用扛抬、腳伕、樂工、
彩轎、炮手以及船隻等項，向來不免有私分地界，把持居奇
等弊。」光緒嘉興府腳行，「凡遇人家婚喪，所有工價隨時增
漲，倘不遂其欲，往往出言不遜，令人難受。」

二是壟斷商貨搬運，「橫索腳價」。江灣鎮腳行，對「商
民貨物橫索腳價，稍不如意，則貨拋河下，無人承挑，商賈

裹足」。南翔鎮腳行,「定價橫索」,稍不遂意,即將客貨扔到河下和市口。法華鎮腳行,「強而黠者為腳頭。凡運商貨,腳頭爭昂其值,……稍弗遂欲,即恃強生事。」南匯縣「市肆貨物遷運,毋論遠近」,腳行「必索重價」。嘉定縣腳伕「凡遇商民貨物及一切婚喪吉凶事件,動輒攔截阻撓,……故索高價」,「倘不遂其所欲,則貨拋河下,不能移動。大禮急務,莫敢扛抬。稍與理論,一呼百集」,群毆生事。腳行既不許僱請他人,也不許自行扛抬、搬運,否則,「群聚喧譁」,必滿足其貪慾而後已。腳行不僅南方有,北方也有。上述北京糧食業中的「扛肩」,就是領有牙帖,帶壟斷性質的腳行。腳伕「藉勢霸持,到處皆然」。

腳行這種蠻橫無理行為,激起商民強烈反對,官府也不得不出而干涉,「勒石永禁」,並規定腳價,令其遵守。如清康熙二十年(1681)松江府在告示碑上規定搬運貨物的腳價是:「物十里以內短僱者,每裡給錢五文;五十里至百里外長僱扛挑者,錢二百文;交卸後空回,每百里另給酒錢十文,不得再勒。」光緒年間,嘉興府勒石規定扛抬的費用:「紳官殷富婚娶大轎及彩轎,每乘四人,加替肩一人……每名給錢叁百貳拾文。如路在五里之外,統共賞加錢四百文。平日……每名貳百文。」「寒素之家婚……每名給貳百肆拾文。……平日……每名貳百文。」平常出殯,以用 4～8 個

腳伕為准，每名給貳百文。紳官出殯，其間排場不同，人數多寡不定。除給每名工飯錢叁百貳拾文外，可酌情增加。「至提空棺入門，或由匠人送至，或幫忙工人去抬，均不准班役攔阻。倘遇貧戶無力，喪家親友自抬」，不准干涉。

　　直至清末，腳行壟斷把持的行為經常發生，屢禁不止。

# 官營貿易

夏商和西周初年，手工業生產及產品交換基本是由官府把持。春秋戰國，私人商業逐漸超過官營商業，古代中後期，私人貿易在市場上占壓倒優勢。但在整個古代，乃至近代，官營貿易始終存在。

### 平衡物價，抑制兼併

當市場上貨物（主要是糧食）價格賤時，政府收購、囤儲，物價貴時，向外拋售。其主要目的在於調節供求，平衡物價，抑制兼併，保持社會穩定，並增加財政收入。這種貿易各朝代稱謂不同，或叫做「通輕重之權」，或叫做「常平法」、「均輸平準」，或叫做「市易法」。

「通輕重之權」春秋時，齊桓公用管仲之謀，「通輕重之權」。所謂「輕重」係指物價的貴賤。通輕重之權就是國家參與貿易，吞吐貨物，平抑物價。這裡所說的貨物主要是糧食。由於農業受氣候的影響很大，「歲有凶穰，故穀有貴賤」。糧食豐收，糧價狂跌，甚至賣不出去，人們拿糧食餵豬狗；糧食歉收，糧價飛漲，甚至高價也買不到，人民飢餓

而死於道旁。再加上大商人乘機囤積居奇，牟取暴利，市場物價劇烈波動，少數人暴富，多數人貧困。過於貧困和過於富裕的人都難於治理。為防止貧富過於懸殊，達到天下「大治」，政府於收成好、糧價賤時收購；當收成欠佳，糧價貴時出售，使物價保持平穩。這種作法為以後許多朝代仿行。

「平糴法」戰國時，李悝相魏文侯，實行變法，「平糴」就是其中之一。李悝指出：「糴甚貴傷民」，「民傷則離散」；「甚賤傷農」，「農傷則國貧」。「善為國者則使民無傷而農益勸」，兼顧生產者和消費者的利益，其辦法就是平糴。即將年成分為熟年和荒年，國家於熟年在市場上糴糧，荒年糴糧，以穩定糧價。這種方法「行之魏國，國以富強」，效果良好。

「常平法」據《漢書‧食貨志》載，漢宣帝時，根據大農中丞耿壽昌建議，在邊郡築糧倉，「穀賤，增其價而糴；穀貴，減其價而糴；名常平倉，民便之。漢元帝時，因遭反對而停止。以後興廢無常。唐代劉晏推行常平倉法，且在民間設義倉。唐元和年間常平倉和義倉合併為常平義倉。唐政府採用「和糴」和「平糴」方式從事糧食貿易。「和糴」是每當豐收之年，穀價下跌時，政府加價收購。如天寶中，政府拿出 60 萬緡錢和糴，每斗增 3 錢。開元年間，政府多次以「常平本錢」，於豐年穀賤時加三、五錢收購，儲存糧食，以

減少和停止江淮漕運糧。平糶是每當歉年穀貴時，政府以遠低於市場價格出售儲備糧，以平抑物價，或救濟饑民。如貞元十四年（798）米價稍貴，「朝廷令度支出官米十萬石，於兩街賤糶」。次年，「以久旱歲飢，出太倉米十八萬石，於諸縣賤糶。」宋代，在各地設常平倉，鄉間重建義倉。清代，州縣設常平倉，市鎮設義倉，鄉村設社倉。

政府辦常平倉，平抑物價，原是好意，但搞得好的並不多。或經營資金短缺，倉庫稀少，豐年購糧食不足，荒年無糧可以出售；或管理不善，甚至長期封閉，糧食霉爛變質，不堪食用；或官吏營私舞弊，從中剋扣，糶穀給價不足，甚至低價購囤以謀私利。

「平準均輸」這是西漢理財家御史大夫桑弘羊所首創。其目的是，「蓄貨長財，以佐助邊費」，「儲積以備乏絕」，「流有餘而調不足」。「均輸」的具體作法是：各郡國將應輸貢物連同運費所抵充的財政上繳額，按照當地市價摺合成一定數量的產量豐富、價格低廉的土特產品，交給當地均輸官。均輸官亦可根據情況再收購一些貨物。這些物品，除部分輕便且單位價值高的名優產品作為貢品運往京師外，其他則由均輸官運到價貴的地區出售，從事地區間的長途販運貿易。平準，即在京師長安設立平準機構，各地運來的貢物，由均輸官收購的物品，官方手工業製造器物的商品部分，以及財

政主管部門所掌握的貨物,均儲存於此。有關官吏「坐市列肆」,從事經營,「賤即買,貴則賣」。均輸平準增加了政府財政收入,損害了大商人的利益,從而引起一些人的激烈反對。鹽鐵會議上,賢良文學抨擊平準,「未見准之平也」;抨擊均輸,「未見輸之均也」。的確,在平準均輸實行過程中,也出現了一些問題。如官府壟斷市場,什麼東西都收購;富商奸吏乘機混水摸魚,賤買積儲,等待時機,貴賣牟利。唐代劉晏也曾實行平準均輸,且較有成效。平準在當時統稱為常平。

「市易法」這是宋王安石變法的內容之一。源於桑弘羊的平準法。王安石本人也說,市易之法,起子周之司市,漢之平準。

宋熙寧二年(1069)已有立均輸平準之法的建議,次年,保平軍節度推官王韶「倡為緣邊市易之說」,被批准,命王韶兼領市易事。此事雖遭到一些官吏反對,但王安石力主實行。有個叫魏繼宗的也上言支持,他說,京師市場上的物價很不穩定,富人大姓乘機牟取數倍利益,影響國家收入。制止物價波動的方法是,國家拿錢,置常平市易司,選擇精通財政的官吏負責,並吸收「良賈」參加交易,讓他們觀察收集市場物價動態,「賤則增價市之,貴則損價糶之」,從中賺取利益、上交國家。根據這個建議,熙寧五年政府拿

出錢帛，在汴京設都提舉市易務（司），並先後在邊境大城市設 22 個市易務，招收各行行戶和牙商充當交易的行人和牙人。外地客商將運來的貨物賣給市易務時，由行人、牙人會同客商共同議定價格。當市場上某種貨物價賤，或滯銷時，市易務稍增價收購，反之，則略減價出售，使物價保持平衡。

市易務參與貿易，公取牙儈之利，引起大商人不滿，各種反對意見透過大官吏、貴戚一直傳到皇帝那裡，王安石與皇上關於市易利弊曾進行過辯論，李燾在《續資治通鑑長編》中曾有記載，從中可以看到市易務貿易活動的一些情況。

皇上說：聽說市易買賣極苛細，市人籍籍怨謗，以為官府盡收天下之貨，自作經營。王安石說：陛下所聞，必有事實，請宣示。皇上說：聽說榷貨賣冰，以致影響民間賣雪。安石說：賣冰是四園苑乾的，不是市易務。皇上說：市易務賣梳樸，梳樸即貴，賣芝麻，芝麻即貴。安石說：今年西京及南京等處芝麻歉收，自然要貴，豈可責市易司，若買即致物貴，那麼所有的東西都應該貴，為什麼只有芝麻貴呢？至於賣梳樸行業，久為兼併者所把持，自然對市易務不滿。實行新法必然影響一些人的利益。現在實行市易法，兼併之家，自來開設邸店人家和牙人皆失業，他們很不滿意。京師

茶行一直為十餘戶所把持。客商運茶到京,須先饋獻設宴,請求他們定價。他們買茶,客商不敢賺錢,但求他們把茶價定得高些,即可從賣給其他戶的茶葉中獲得成倍利潤,以補償其損失。現在立市易法,這十餘戶與其他戶買賣茶葉都是一個價錢,他們感到新法對他們不利,故造謠誹謗。但茶行其他人、外地客商均得到好處,政府茶稅收入倍增。

## 實行專賣,壟斷市利

所謂「官山海」「籠鹽鐵」「榷估」「榷貨」等等,名稱雖異,實質相同,都是專賣的別名。

管仲與齊桓公論「官山海」《管子·海王》記載了齊桓公與管仲關於「官山海」的對話,大意是:

齊桓公問管子:我想徵收房屋、樹木、牲畜、人頭稅,你看怎麼樣?

管子說:不妥。這將影響房屋建造、樹木生長、六畜繁殖、人口生育。

桓公問:那麼我該如何籌措經費、治理國家呢?

管子回答:唯官山海為可耳。

桓公問:什麼叫官山海?

管子回答:依靠海洋資源興旺起來的國家,應注重鹽業政策,對鹽實行官專賣。

桓公問:對鹽為什麼實行專賣,怎麼實行專賣呢?

管子回答：十口之家，十人食鹽，百口之家，百人食鹽。國家對鹽實行專賣，收購民間製成的食鹽，然後加價出售，每日就可以多收入錢 200 萬，一個月多收入 6,000 萬。而一個大國向 100 萬人徵收人頭稅，每月才收入錢 3,000 萬。如今國家不徵收人頭稅，而從經營食鹽貿易中就可以得到相當於兩個大國稅收之和曠下令徵收人頭稅，必然引起人民的議論和不滿。透過食鹽專賣，國家可以得到成倍利益，人民感覺卻不那麼明顯。

　　管子繼續說：對鐵也應實行專賣。每根針加一錢，每把刀加六錢，每件農具加十錢，賣 30 根針，5 把刀，3 件農具，各營利 30 錢，都相當於一個人交的人頭稅。其他鐵器也按這個辦法加價出售。這樣拿起工具幹活的人，沒有不繳納賦稅的。

　　從上面的對話可以看出，所謂「官山海」即對鹽鐵實行專賣，鹽和鐵器由民間生產，官府收購，加價銷售，從中牟利，寓稅於價，取之於無形，政府增加了收入，人民負擔並未減輕，但情緒比較穩定。「官山海」與「通輕重之術」實行的結果，齊國富強，成為五霸之首。以後多仿行。

　　從《鹽鐵論》看鹽鐵、酒類專賣西漢武帝時，政府接受御史大夫桑弘羊、大農丞東郭咸陽和孔僅建議，實行鹽鐵專賣。官府招募民煮鹽，主要生產器具由官府供給，製出的鹽

由官府收購，運銷。「募民自給費，因官器作煮鹽，官與牢盆。」官府還監督指揮「卒」、「徒」工匠開礦、冶鐵，按一定規格鑄造鐵器，統一定價出售。私人不得經營鹽鐵，違者沒收其財物，並加以處罰。西漢政府設立 37 處鹽官，49 處鐵官，負責專賣事宜。「籠鹽鐵」和「榷酤」大大增強了西漢中央政府財力，削弱了以冶鐵煮鹽起家的豪強的勢力，引起了強烈反對。鹽鐵官營還是私營，成為朝野上下關注的焦點。並引發了一場大鬥爭。在漢昭帝始元六年（前 81）召開的鹽鐵會議上，御史大夫桑弘羊與來自各地的讀書人「賢良文學」60 餘人進行反覆爭論，漢宣帝時廬江太守丞桓寬根據會議記錄，「推衍」、「增廣」，寫成《鹽鐵論》一書，從中可以窺見鹽鐵酒類專賣及其利弊得失。

文學士說：今郡國有鹽鐵，酒榷、均輸，與民爭利，請取消。

大夫說：匈奴不斷侵犯北部邊境，危害百姓，故修障塞，飭烽燧，屯兵守邊。用度不足，因此，「興鹽鐵，設酒榷，置均輸。蓄貨長財，以佐助邊費」，不能取消。

文學士說：政府徵發民間人力、物力到很遠地方去生產和運輸鹽鐵，給人民增加很多負擔和痛苦。

大夫說：政府徵調民夫鑄造鐵器，供給衣食，無妨於民，有些問題是官吏不依法行事造成的。只須委派好的官吏

就可以解決，不須取消鹽鐵專賣制度。況實行專賣，意義重大。文帝時，縱民得鑄錢、冶鐵，煮鹽，布衣有胸邪，人君有吳王，專山海之饒，壟斷鹽鐵之利，收買人心，培植私人勢力，圖謀不軌，危害很大，因此，「今意總一鹽鐵，非獨為利入也，將以建本抑末，離朋黨、禁淫侈，絕併兼之路也」。

文學士說：政府鼓鑄鐵器，多為大型農具，又不鋒利，農民用起來很不方便。

大夫說：政府經營鐵器，資金充足，裝置齊全，在官吏監督下，卒徒工匠整天努力工作，生產出來的鐵器質量高，便於使用。

文學士說：政府壟斷，統一定價，鐵器大多不合格，但不能挑選。經銷的官吏經常不在，很難買到鐵器。銷售鐵器的處所稀少，農民要到很遠的地方去購買，耽誤農時。鹽鐵價貴，百姓買不起。官吏賣不出去鹽和鐵器時，便按戶攤派。

從以上的辯論中可以看出，鹽鐵酒類專賣是漢武帝時代政府所奉行的最高國策，是漢武帝文治武功的經濟基礎，有利於抗擊匈奴，保衛邊防安全，抑制地方兼併勢力，鞏固中央集權；但在實行的過程中，的確出現許多弊病，如官商作風等。

鹽鐵會議後不久，酒類專賣被取消，這一政策的制定和

推行者桑弘單被大將軍霍光處死。但鹽鐵專賣則終西漢之世未變。東漢以後，鹽鐵專賣時行時停。至唐代，除西北地區外，鐵專賣基本廢止，鹽酒專賣則恢復。明代，重新開放酒禁。中唐以後，增加茶禁。南宋，除鹽茶酒外，礬、香藥、銅、錫等物也成為新的專賣品。以後，鹽或由政府專賣，或由政府授權的專賣商人經營。1931 年，中國銷鹽縣有 1,972 個，其中採取官運民銷制和官銷制的縣 94 個，約占 5％；票商專商包商制的縣 907 個，占 46％強。1941 年國民黨第五屆中央執行委員會第八次全體會議上，通過了孔祥熙等人關於籌辦鹽、糖、煙、酒、茶、火紫等消費晶專賣提案，以後陸續實行。食鹽專賣的辦法是：在政府專賣局主持下，民製 —— 官收 —— 官運 —— 官薑售 —— 商零售。1945 年，廢除官專賣，改行民製、民運、民銷制。

通觀歷史，官營貿易逐步縮小，民營貿易日益擴大，但官消民長的趨勢，不是直線式的，而是波動式的。

官營貿易貨物，各朝代有所變化，但主要是糧、鹽、鐵。官營貿易的不同形式是由貿易貨物的不同所決定的。糧、鹽、鐵是中國古代農業社會中關係國計民生的重要物品，是商人逐利的重要領域。大商人囤積糧食，投機倒把，賤買貴賣；擅障山海，冶鐵煮鹽，富埒天子。政府與大商人爭利，首先就要參與糧鹽鐵的貿易。但方式不同。糧食為人

人所必需，到處都生產，政府無法壟斷，只能依靠比較雄厚的財力，在市場上吞吐物資，與商人競爭。鹽鐵不是到處能生產的，且產地相對集中，政府可以採用經濟和行政手段，加以控制。從歷史上看，政府壟斷運銷環節，易於奏效，而直接干預生產，較為麻煩，效果往往不佳。

官營貿易，調節供求，平抑物價，動機可嘉，但因官吏作弊，效果大多較差。

官營貿易與戰爭動亂、財政困難密切相關。齊秦的官營貿易產生於春秋戰國大動盪環境中。西漢的鹽鐵專賣、平準均輸，「蓄貨長財」，外為抗擊匈奴，內為抑制兼併。中唐以後的鹽專賣，是為了擺脫安史之亂後的財政困境。宋代的官營貿易，「汲汲焉以財利兵革為先」，「收其贏以助軍費」。20世紀 40 年代國民政府的食鹽等專賣，是籌集抗日經費，保證戰爭條件下居民的食鹽供應的臨時措施。

官營貿易是增加收入，解決財政困難，保衛邊防，鞏固中央集權的一個有效手段；但同時又是阻礙民營貿易，束縛商品經濟正常發展的一條鎖鏈。官營貿易對於中國成為一個統一的多民族中央集權國家有所貢獻；對於中國經濟發展遲緩也負有一定責任，可謂千秋功過集於一身。

電子書購買

爽讀 APP

國家圖書館出版品預行編目資料

歷代中國經濟政策與市場：從鹽法與茶法到海
禁與官營貿易，揭祕兩漢均輸、茶馬互市背後
的商業繁榮與政府控制 / 李劍橋，竭寶峰 編著 .
-- 第一版 . -- 臺北市：複刻文化事業有限公司，
2024.05
面；　公分
POD 版
ISBN 978-626-7426-66-1( 平裝 )
1.CST: 經濟政策 2.CST: 經濟制度 3.CST: 經濟史
4.CST: 中國
552.2　　113004535

# 歷代中國經濟政策與市場：從鹽法與茶法到海禁與官營貿易，揭祕兩漢均輸、茶馬互市背後的商業繁榮與政府控制

臉書

編　　著：李劍橋，竭寶峰
發 行 人：黃振庭
出 版 者：複刻文化事業有限公司
發 行 者：複刻文化事業有限公司
E - m a i l：sonbookservice@gmail.com
粉 絲 頁：https://www.facebook.com/sonbookss/
網　　址：https://sonbook.net/
地　　址：台北市中正區重慶南路一段六十一號八樓 815 室
Rm. 815, 8F., No.61, Sec. 1, Chongqing S. Rd., Zhongzheng Dist., Taipei City 100,
Taiwan
電　　話：(02) 2370-3310　　傳　　真：(02) 2388-1990
印　　刷：京峯數位服務有限公司
律師顧問：廣華律師事務所 張珮琦律師

定　　價：350 元
發行日期：2024 年 05 月第一版
◎本書以 POD 印製
Design Assets from Freepik.com